短期合格

# 日本語能力試験 N1・N2

## 語彙

大矢根祐子・寺田和子・東郷久子・増井世紀子　著

スリーエーネットワーク

©2012 by OYANE Yuko, TERADA Kazuko, TOGO Hisako, and MASUI Sekiko

All rights reserved. No part of this publication may be reproduced, stored in a retrieval system or transmitted in any form or by any means, electronic, mechanical, photocopying, recording, or otherwise, without the prior written permission of the Publisher.

Published by 3A Corporation.
Trusty Kojimachi Bldg., 2F, 4, Kojimachi 3-Chome, Chiyoda-ku, Tokyo 102-0083, Japan

ISBN978-4-88319-597-8 C0081

First published 2012
Printed in Japan

# はじめに

　この本は、短期間で日本語能力試験Ｎ１、Ｎ２レベルに合格するための語彙の習得を目指して作られています。完全マスターシリーズの語彙として出版されたものを改訂しました。
　中・上級の学習者にとって語彙の拡大は、文法、読解、聴解などすべての分野において重要な課題です。しかし日本語の膨大な語彙を整理し、獲得していくのはなかなか難しいことです。一生懸命語彙学習に取り組む学習者が、ひたすら問題を解いて覚えるのではなく、より効率的に学ぶことはできないかと考えて、この教材を作りました。
　この本は品詞別に意味のグループで語彙を分類することによって、学習者がシステマティックに学べることを目指しています。分類は国立国語研究所が発行している「分類語彙表」を参考にしました。似たような意味の語彙の違いは、辞書を引いてもわかりにくいことがあります。そのため、典型的な使用例を示す例文により、その語彙の特質を浮かび上がらせるように努めました。改訂にあたってはヒントを拡大し、語彙と語彙の結びつきや慣用表現などを多く示すことで充実させました。そのことによって、自習する学習者にとっても使いやすくなったのではないかと思います。練習問題も形式を増やし、異なった角度から学習できるようにしました。
　また、この本は様々な分野で使用頻度の高い語彙を取り上げていますので、日本語能力試験を目指す学習者のみならず、様々な目的を持つ学習者の中・上級の語彙の理解、獲得に使っていただきたいと思っています。
　この教材の作成にあたっては、東京国際大学付属日本語学校のご協力をいただきました。また、今回も、スリーエーネットワークの佐野智子さん、菊川綾子さんには原稿を整理する上で的確な助言とご指摘をいただきました。本当にありがとうございました。学習者と教える者の役に立つことを願って作成いたしましたが、内容については不十分な点もあるかと思います。お使いになってお気づきの点、ご意見などをお寄せいただければ幸いです。

　2012年5月

　　　　　　　　　　　　　　　　　　　　　　　　　　　大矢根祐子　　寺田　和子
　　　　　　　　　　　　　　　　　　　　　　　　　　　東郷　久子　　増井世紀子

# 本書の使い方

### 全体構成

◇ 動詞、名詞、形容詞、副詞の品詞別に、1．リスト　2．練習問題の構成になっています。
◇ **語彙索引**は巻末に、**練習問題の解答**は別冊になっています。
◇ 日本語能力試験のN2レベルまでの語彙には、索引に＊をつけてあります。
　また、索引には学習した語彙をチェックするためのボックスがつけてあります。
◇ 振り仮名は、「リスト」の語彙と練習問題の選択肢のすべての語彙、問題文の読みにくい漢字についています。

### 1. リスト

◇ 使用頻度の高い語彙をわかりやすい意味のグループに分類し、五十音順に提示してあります。
　ただし、「1-3 動詞（する動詞）」については五十音順ではなく、意味が似ている語を、漢字を基本にまとめて提示しています。
◇ 多義語の場合は、代表的な使用例をもとに分類しました。

### 2. 練習問題

**練習問題1**は、文の内容に合う言葉を選ぶ問題です。
◇ 問題文はそれぞれの語彙の典型的な使い方を示す文になっており、語彙の使い方とともに、似たような意味の語彙の使い分けを学習することができます。
◇ 選択肢の語彙は原則として同じ意味のグループの中から選んでありますが、ほかのグループの、形の似た語彙を組み合わせた場合もあります。
◇ 二つの語彙の意味が非常に近い場合、一つの問題文に二つの語彙が入ることもありますが、最も適した語彙を入れることによって三つの答えが決まり、入れ替えはできないようになっています。また、二義的な意味を示すことやスピーチレベルの違いなどで使い分けをしている場合もあります。
◇ 意味が非常に似ているもの、間違えやすいと思われるものは、ヒントがあります。
　注意すべき助詞の上には「・」がついています。

**練習問題2**は、言葉の正しい使い方を選ぶ問題です。
品詞ごとに、**長文問題**があります。

### コラム

最近目にすることの多い言葉を、問題形式を変えて分野別に取り上げてあります。

# 目次

はじめに
本書の使い方………………………iv

1-1 動詞（精神、行為）……………1
1-2 動詞（変化、動き）…………13
1-3 動詞（する動詞）……………25
1-4 複合動詞………………………39
　　長文問題………………………43

2-1 名詞（人間について）………45
2-2 名詞（抽象的な物事）………55
2-3 名詞（社会について）………65
2-4 名詞（衣食住、自然）………75
　　長文問題………………………84

3-1 形容詞（精神、行為）………85
3-2 形容詞（物事の様子）………97
　　長文問題………………………107

4　　副詞…………………………108
　　長文問題………………………127

索引…………………………………130

## コラム

「足」の動作……10
「口」の動き……12
「手」の動作……22
自動詞……24
野球、相撲……38
キャンパス、文学……44
国際関係、経済、教育……54
情報……62
科学、環境……64
味を表す言葉……106
慣用表現……126
擬音語・擬態語……128

# 1 動詞(精神、行為)

## a. 感覚、感情

| あきれる | 飽(あ)きる | あこがれる | 味(あじ)わう | 焦(あせ)る | 慌(あわ)てる | 案(あん)じる |
|---|---|---|---|---|---|---|
| 痛(いた)む | 威張(いば)る | 嫌(いや)がる | いらだつ | 恨(うら)む | 羨(うらや)む | 惜(お)しむ |
| 恐(おそ)れる | 驚(おどろ)く | おびえる | 感(かん)じる | 気取(きど)る | くたびれる | 苦(くる)しむ |
| こだわる | 慕(した)う | 親(した)しむ | 疲(つか)れる | ときめく | 泣(な)く | 嘆(なげ)く |
| ねたむ | 恥(は)じる | 誇(ほこ)る | まごつく | めいる | | |

## b. 思考、意志

| 諦(あきら)める | 怪(あや)しむ | 危(あや)ぶむ | 疑(うたが)う | 企(くわだ)てる | こらえる | 心(こころ)がける | 志(こころざ)す | 試(こころ)みる |
|---|---|---|---|---|---|---|---|---|
| 探(さが)す | 探(さぐ)る | 調(しら)べる | 信(しん)じる | 耐(た)える | 確(たし)かめる | 試(ため)す | ためらう | |
| 努(つと)める | 願(ねが)う | 望(のぞ)む | 励(はげ)む | 張(は)り切(き)る | 迷(まよ)う | 認(みと)める | 見(み)なす | |

## c. 言語活動

| 著(あらわ)す | 打(う)ち明(あ)ける | 描(えが)く | 演(えん)じる | 語(かた)る | 口(くち)ずさむ | 言(こと)づける |
|---|---|---|---|---|---|---|
| こぼす | 叫(さけ)ぶ | ささやく | 尋(たず)ねる | 黙(だま)る | 告(つ)げる | 伝(つた)える | つぶやく |
| どなる | なじる | ののしる | 述(の)べる | ほのめかす | ぼやく | やじる | 論(ろん)じる |

## d. 社会的行為

| 与(あた)える | いじめる | 営(いとな)む | 挑(いど)む | 受(う)ける | 訴(うった)える | 得(え)る | 治(おさ)める | おだてる |
|---|---|---|---|---|---|---|---|---|
| 脅(おど)す | かばう | からかう | 築(きず)く | 競(きそ)う | けなす | ごまかす | 避(さ)ける | 強(し)いる |
| 支払(しはら)う | 救(すく)う | せがむ | 蓄(たくわ)える | 携(たずさ)わる | たたえる | 頼(たの)む | だます |
| 頼(たよ)る | 費(つい)やす | 慰(なぐさ)める | 慣(な)れる | ねぎらう | ねだる | 励(はげ)ます | 果(は)たす |
| はやる | 褒(ほ)める | 任(まか)せる | まかなう | 学(まな)ぶ | 免(まぬが)れる | まねる | 恵(めぐ)まれる |
| もうける | もてなす | もめる | 雇(やと)う | 譲(ゆず)る | 許(ゆる)す | よける | 詫(わ)びる |

## e. 動作

| 挙(あ)げる | 扱(あつか)う | 編(あ)む | 操(あやつ)る | 炒(いた)める | うつむく | うなずく | 怠(おこた)る |
|---|---|---|---|---|---|---|---|
| 抱(かか)える | かしげる | かじる | 担(かつ)ぐ | かむ | 暮(く)らす | 蹴(け)る | こする |
| 指(さ)す | サボる | 騒(さわ)ぐ | 触(さわ)る | しぼる | じゃれる | 吸(す)う | 住(す)む |
| 抱(だ)く | 捕(つか)まえる | つかむ | つまずく | つまむ | 泊(と)まる | 眺(なが)める | なでる |
| 怠(なま)ける | なめる | 握(にぎ)る | にらむ | 煮(に)る | 縫(ぬ)う | ねらう | のぞく |
| 吐(は)く | はしゃぐ | 拾(ひろ)う | 吹(ふ)く | ふざける | 踏(ふ)む | 振(ふ)る | 掘(ほ)る |
| 磨(みが)く | 見(み)つめる | 用(もち)いる | | | | | |

## 練習問題 ①

◆[　　　]から適当な言葉を選んで(　　　)に入れなさい。

### a．感覚、感情

(1) [ a 飽きて　　b 疲れて　　c くたびれて ]
① どんなにカレーが好きでも、毎日食べていると(　　　)しまう。
② 一日中パソコンをやっていたので、目が(　　　)しまった。
③ このコートはもう何年も着ているので、(　　　)しまった。

(2) [ a ときめく　　b 感じる　　c 痛む ]
① 就職活動の難しさなどを聞くと、将来に不安を(　　　)。
② 最近、悲惨なニュースが多くて、胸が(　　　)ことが多い。
③ 恋愛ドラマのような、胸が(　　　)体験をしたいと思うことがある。

(3) [ a 案じて　　b おびえて　　c 苦しんで ]
① ゆうべ、食べすぎておなかが痛くなり、一晩中(　　　)いた。
② 先日大地震があったので、人々はちょっとした地震にも(　　　)いる。
③ 山へ行った友人からの連絡が途絶えて(　　　)いたが、無事だとわかってほっとした。

(4) [ a 焦って　　b いらだって　　c 慌てて ]
① テスト中、まだ問題がたくさん残っているのに、「あと10分」と言われて、(　　　)しまった。
② 雨が降ってきたので、洗濯物を(　　　)取り込んだ。
③ いくら注意しても子供たちがうるさいので、つい(　　　)大声を出してしまった。

(5) [ a あきれた　　b まごついた　　c 驚いた ]
① デパートで洋服を買おうとしたが、あまりに高いので(　　　)。
② いくら料理するのが嫌いとはいえ、毎日、インスタントラーメンを食べていると聞いて(　　　)。
③ 久しぶりに友達の家を訪ねたが、駅からの道がわからなくて(　　　)。

### ヒント

(1) **くたびれる**：物にも使う。愛用のかばんは、何年も使っているので〜てきた
(2) **ときめく**：期待に胸／心が〜
(3) **案じる**：被災者の身を〜　　**おびえる**：目に見えないものを怖がる場合が多い。飛行機の爆音に〜て子供が泣く　不安／恐怖に〜
(4) **焦る**：早くしようとして落ち着かないこと。
　　**慌てる**：突然のことに出会って適切に行動できないこと。突然名前を呼ばれて〜
(5) **あきれる**：あまりに意外なことに驚くこと。悪いことによく使う。〜ほどよく食べる

(6) [ a 慕って　　b あこがれて　　c 羨んで ]
① 若い人たちは都会に(　　　)、ふるさとを出ていってしまう。
② 自分は何も努力しないでいて、成功した人を(　　　)はいけない。
③ 子供の頃、隣のお兄さんを本当の兄のように(　　　)いた。

(7) [ a 恨む　　b 嫌がる　　c 惜しむ ]
① あなたのためを思って忠告した友人を(　　　)なんてよくない。
② 渡辺さんはほかの人が(　　　)仕事をすすんでやってくれる。
③ 多くの業績を残した彼の引退を(　　　)声が多い。

(8) [ a 泣いて　　b 嘆いて　　c 叫んで ]
① 迷子になった子供がしくしく(　　　)いたので、交番に連れていった。
② ビル火災の現場では、「助けて！」と(　　　)いる人がいた。
③ 田中さんはいつも子供の成績の悪さを(　　　)いる。

(9) [ a 誇って　　b 威張って　　c 気取って ]
① このホテルは客室数日本一の規模を(　　　)いる。
② 部下に(　　　)ばかりいる上司は嫌われる。
③ 慣れないハイヒールをはいて(　　　)歩いていたら石につまずいた。

## b．思考、意志

(1) [ a 張り切って　　b 励んで　　c 努めて ]
① 有能なAさんがやめると言ったので、部長は慰留に(　　　)いる。
② 私は健康のために、毎日体力作りに(　　　)いる。
③ 彼は仕事がおもしろいらしく、毎日(　　　)やっている。

### ヒント

(7) **恨む**：相手が自分にしたことや、自分が思うようにならない状況に強い不満を持つこと。冷たい態度／世の中を〜　　**惜しむ**：失ったり別れたりすることを残念に思うこと。故人の才能／別れを〜　失いたくないと思うことにも使う。時間／金を〜

(9) **気取る**：自分をよく見せようとして行動したり表情を作ること。〜たポーズ　〜ない人柄

(1) **励む**：自分で決めたことを一生懸命にすること。日夜研究に〜
**努める**：するべきこととして努力すること。サービス／解決に〜

(2) [ a こらえて　b 耐えて　c ためらって ]
① 彼は仕事のつらさに(　　　)がんばっている。
② 転職をすすめられて返事を(　　　)いるうちに、チャンスを失ってしまった。
③ 彼はマスコミの失礼な質問に対して、怒りを(　　　)冷静に答えていた。

(3) [ a 志して　b 望んで　c 心がけて ]
① 彼は高校生のとき弁護士を(　　　)以来、必死に勉強している。
② 梅雨時は特に、家を清潔に保つように(　　　)いる。
③ 国民は早く景気がよくなることを(　　　)いる。

(4) [ a 怪しまれて　b 危ぶまれて　c 疑われて ]
① 人の傘を黙って持っていくなんて、良識を(　　　)もしかたがない。
② 予算が削減されたため、展覧会の開催が(　　　)いる。
③ 彼はいつも夜中に外出するので、周囲の人から(　　　)いる。

(5) [ a 調べて　b 確かめて　c 試して ]
① ストーブを消したことを(　　　)から、家を出た。
② 模擬テストを受けて、今の実力を(　　　)みようと思う。
③ 私は今、世界各国の教育制度について(　　　)いる。

### c．言語活動

(1) [ a 口ずさんだ　b つぶやいた　c ささやいた ]
① 彼は私の耳もとで、「好きだよ。」と(　　　)。
② 私が家を出る日、父は「寂しくなるなあ。」と(　　　)。
③ 卒業した学校の前を通ったとき、私は思わず校歌を(　　　)。

**ヒント**

(2) こらえる：感情を抑えて、外に表さないようにすること。痛み／笑い／涙を～

(4) 怪しむ：どうも変だと思うこと。人に～まれるような行動をするな
　　危ぶむ：できそうもないと思うこと。交渉成立を～　卒業が～まれる
　　疑う：違うのではないかと思うこと。常識を～　～余地がない　自分の目を～(信じられない)

(1) つぶやく：小さい声で独り言を言うこと。ぶつぶつと～
　　ささやく：相手に小さな声で話すこと。愛を～

(2) [ a 語った   b やじった   c ののしった ]
① その男はけんか相手を大声で(    )。
② 鈴木さんは子供の頃のことをしみじみと(    )。
③ 野球を見ていたら、隣の人が相手チームのことを大声で(    )。

(3) [ a 言づける   b 告げる   c 伝える ]
① 私の今の気持ちを(    )には手紙が一番いい。
② 梅は春の訪れを(    )花だ。
③ 彼の会社に電話したが、いなかったので、用件を(    )ことにした。

(4) [ a こぼして   b ぼやいて   c 打ち明けて ]
① 職場でうまくいかないことが続いて、つい友人に愚痴を(    )しまった。
② 彼は「仕事が大変だ。」とぶつぶつ(    )ばかりいる。
③ 仕事の悩みを友人に(    )、相談にのってもらった。

(5) [ a 著して   b 描いて   c 演じて ]
① 彼女は着物の本を何冊も(    )いる。
② この小説は主人公の少年時代の気持ちをよく(    )いる。
③ 彼は主役を堂々と(    )、高い評価を得た。

## d. 社会的行為

(1) [ a せがまれて   b 頼まれて   c ねだられて ]
① 会社の同僚に(    )、結婚パーティーの司会をすることになった。
② 子供に(    )、今度の日曜日に遊園地へ行く約束をした。
③ 高校生の息子にバイクを(    )、その対応に困っている。

### ヒント

(2) **やじる**：他人の言動を大声で非難したり、からかったりすること。議員の演説を〜
　　**ののしる**：大声で汚い言葉で相手の悪口を言うこと。人前で口汚く〜られた
(3) **言づける**：人に頼んで、相手に伝えてもらったり、品物を届けてもらったりすること。
　　**告げる**：知らせる、伝えること。文語的。時を〜　せみの声が夏の終わりを〜ている
(4) **こぼす**：誰かに不平、不満を言うこと。　**ぼやく**：独り言のように不平、不満を言うこと。
(1) **せがむ**：甘える気持ちで無理に頼むこと。行為を要求する場合にも使う。
　　**ねだる**：甘えたり、無理に頼んだりして物を欲しがること。小遣い／おもちゃを〜

(2) [ a 免れよう　　b よけよう　　c 避けよう ]
① 高速道路の渋滞を(　　　)と思って、朝早く出発した。
② 狭い道で自転車を(　　　)として、塀にぶつかってしまった。
③ 運転手は事故の原因は信号機の故障だと主張して、責任を(　　　)としている。

(3) [ a 励ます　　b 慰める　　c ねぎらう ]
① 全国大会に出場する野球部の生徒を(　　　)ために集会が開かれた。
② 社長は新製品の開発に取り組んだ社員の労を(　　　)ために、パーティーを開いた。
③ 事故で息子を亡くした友人を(　　　)ために、手紙を書いた。

(4) [ a 褒められて　　b おだてられて　　c たたえられて ]
① 妹は授業中に先生に(　　　)、勉強する気が出てきたようだ。
② 経験もないのに、「君しかいない」と(　　　)、結婚式の司会を引き受けてしまった。
③ 自分を犠牲にして貧しい人々を助けた彼女の功績は、世界中の人々に(　　　)いる。

(5) [ a けなされて　　b いじめられて　　c からかわれて ]
① 田中さんの息子さんは同級生に(　　　)、登校拒否になったそうだ。
② かわいい女の人と歩いていたら、友達に(　　　)しまった。
③ 自信を持って発表した作品を(　　　)、がっかりした。

(6) [ a だまして　　b ごまかして　　c 脅して ]
① 年齢を(　　　)アルバイトの募集に応募したが、採用されなかった。
② 「お菓子を買ってあげる」と(　　　)、子供を連れ去った男が逮捕された。
③ ナイフで(　　　)、通行人からお金を奪うという事件が続いている。

### ヒント

(2) **免れる**：困ることや災難にあわないで、無事に過ぎること。大惨事／戦火を〜　　**よける**：物理的に接触しないように自分から動くこと。車を〜　　**避ける**：予測されるマイナスの事柄との接触、関わりを持たないようにすること。言い争い／ラッシュアワーを〜

(3) **ねぎらう**：苦労して仕事などをやり遂げた人に対して、上の立場から感謝の気持ちを表すこと。「労を〜」の形で使う。

(4) **おだてる**：人を盛んに褒めて、いい気持ちにさせること。〜てやらせる

(5) **いじめる**：自分より立場の弱い相手に苦しみや悩みを与えること。弱い者／子犬を〜
**からかう**：言葉や行為で相手を困らせておもしろがること。

(6) **だます**：うそをついて、相手に本当だと思い込ませること。人を〜て金を取る
**ごまかす**：うそをついて、本当のことを隠すこと。おつり／量を〜

(7) [ a 救って　b かばって　c 許して ]
① けんかをして退学になりそうになった友人を(　　)、ついうそをついてしまった。
② 兄は去年の夏、川に落ちておぼれかけた子供を(　　)表彰された。
③ 家のお金を使ったことを正直に話したら、父は(　　)くれた。

(8) [ a 費やした　b まかなった　c 支払った ]
① この映画の制作には巨額の資金と5年の歳月を(　　)。
② 渡辺さんは新しい車の代金を現金で(　　)。
③ 留学中の学費と生活費は、父からの仕送りとアルバイトで(　　)。

(9) [ a 治める　b 営む　c 築く ]
① 故郷で小さな文房具店を(　　)父は、最近すっかり年をとった。
② 多くの民族が住むこの国を(　　)のは簡単なことではない。
③ A氏は小さな町工場から始めて、大きな財産を(　　)までになった。

(10) [ a もめる　b 挑む　c 競う ]
① 子供のときは仲のよかった兄弟が、親の残した財産をめぐって(　　)ことがよくある。
② 勉強でもスポーツでも、仲間同士で(　　)ことで鍛えられて、成長するものだ。
③ 今回の登山の次は、世界の最高峰、チョモランマに(　　)つもりだ。

(11) [ a 頼る　b 任せる　c 強いる ]
① 「学生だからといって、遊ぶお金まで親に(　　)のはよくないよ。」
② 自主性を育てるために、小遣いの使い方は子供に(　　)ことにした。
③ 子供がしたくないことを親が(　　)のはよくないと思う。

(12) [ a 恵まれた　b 譲られた　c 与えられた ]
① よほど疲れた顔をしていたらしく、電車で小学生に席を(　　)。
② 豊かな自然に(　　)この地方は、多くの画家や詩人が訪れて、作品を残している。
③ チャンスを(　　)ときは、迷わず挑戦してみよう。

**ヒント**

(7) かばう：他から害を受けないように、助け守ること。いじめられている子を〜
(8) まかなう：限られた範囲内の人手・費用などで、何とかすること。
(11) 強いる：相手の意向を無視して、無理にやらせること。酒を〜　予想外の苦戦を〜られる

(13) [ a まねて  b 慣れて  c 学んで ]
① 赤ん坊は何でも親のすることを(　　　)成長する。
② 彼は大学で中国語と中国史を(　　　)から、中国に留学した。
③ 彼は転職したばかりなので、新しい仕事にまだ(　　　)いない。

### e．動作

(1) [ a にらんで  b ねらって  c 見つめて ]
① 隣の猫が庭にいる小鳥を(　　　)いるようだ。音も立てずに近づいてきた。
② 恋人たちは周りの人の視線にも気づかず、ただお互いをじっと(　　　)いた。
③ 塀にボールをぶつけて遊んでいたら、そのうちの人が怖い顔で(　　　)いた。

(2) [ a かじって  b なめて  c かんで ]
① りんごを一口(　　　)みたが、すっぱくて食べられなかった。
② 「ごはんは30回以上(　　　)食べなさい。」と子供のころよく言われた。
③ ピンク色のキャンディーを(　　　)みたら、いちごミルクの味がした。

(3) [ a 吐く  b 吹く  c 吸う ]
① うちの犬は兄が口笛を(　　　)と、すぐに飛んでくる。
② 高原の冷たい空気を胸一杯(　　　)と、とてもさわやかな気分になった。
③ 今朝はとても寒くて、駅へ急ぐ人々の(　　　)息が白く見えた。

(4) [ a うつむいた  b かしげた  c うなずいた ]
① 「花を折ったのは君だね。」と聞くと、その男の子は何も言わずに小さく(　　　)。
② 負けたチームの選手たちは表彰式の間、(　　　)ままだった。
③ 予期しなかった実験結果をみて、研究者たちは首を(　　　)。

### ヒント

(1) **にらむ**：怖い目つきでじっと見ること。
　　**ねらう**：目標を決めて、それを手に入れようとすること。鳥を〜て撃つ　効果／優勝を〜
(4) **うつむく**：顔を下のほうに向けること。恥ずかしげに〜
　　**かしげる**：斜めに曲げること。「(人が)首を〜」は疑問に思うという意味。

(5) [ a つまんで　　b つかんで　　c 捕まえて ]
① 田中さんは恥ずかしがる陳さんの腕を(　　　)マイクの前に連れて行き、挨拶をさせた。
② にぎり寿司は、はしを使わずに、指で(　　　)食べてもいいことになっている。
③ 子供たちは浜辺でカニを(　　　)、家に持ち帰った。

(6) [ a 触って　　b なでて　　c こすって ]
① 氷のように冷たくなった手を(　　　)いるうちに、少し温かくなった。
② 5歳の娘が一生懸命お手伝いをしてくれたので、頭を(　　　)褒めた。
③ 見た目は柔らかそうな桃だったが、(　　　)みたらまだ固かった。

(7) [ a 担いで　　b 抱えて　　c 抱いて ]
① 書類の詰まった箱を両手で(　　　)いたので、そばにいた人にドアを開けてもらった。
② 赤ちゃんを(　　　)大きな荷物を持ったお母さんに席を譲った。
③ 仕事を終えた植木屋さんは、道具の入った箱を肩に(　　　)帰っていった。

(8) [ a サボって　　b 怠けて　　c 怠って ]
① 学校を(　　　)映画を見に行ったのが先生に見つかって、ひどく叱られた。
② 他の人には(　　　)いるように見えるかもしれないが、彼は自分のペースで仕事をする人だ。
③ 今回の事故は、運転手が信号の確認を(　　　)、停車しなかったことから起こった。

(9) [ a ふざけて　　b じゃれて　　c はしゃいで ]
① 休み時間に(　　　)先生のまねをしていたら、後ろにその先生が立っていた。
② ピクニックの前の晩、子供たちは遅くまで(　　　)、なかなか寝ようとしなかった。
③ 庭で子犬が2匹、(　　　)転げ回っている。

### ヒント

(6) **なでる**：手のひらなどで、そっと触れて、動かすこと。犬の頭を〜　高原の風がほおを〜
　　**こする**：強く押し当てて動かすこと。眠くて目を〜　電柱に車体を〜

(7) **抱える**：物・人を囲むように腕を回して持つこと。膝を〜て座る　かばんを脇に〜
　　**抱く**：胸に押し当てながら、手で支え持つこと。子供を〜　cf. 抱く：希望／反感を〜

(8) **サボる**：職場や学校を抜け出してずる休みすること。授業／仕事を〜
　　**怠ける**：すべき仕事や勉強を一生懸命しないこと。〜て宿題をしない
　　**怠る**：すべきことをしないでいること。義務／注意／準備を〜

(9) **ふざける**：遊びや冗談で、おもしろいことを言ったり、騒いだりすること。　**じゃれる**：子供や動物が何かをおもちゃにして遊ぶこと。　**はしゃぐ**：調子に乗って大騒ぎをすること。

(10) [ a 振って　　b しぼって　　c 握って ]
① 兄が出発する日、母はホームで電車が見えなくなるまで手を(　　)いた。
② 大きい犬がいる家の前を通るとき、娘は怖がって、私の手を(　　)離さない。
③ 「ほうれん草はゆでて水をかけ、軽く(　　)から適当な長さに切ってください。」

(11) [ a 操る　　b 用いる　　c 扱う ]
① このワイングラスは割れやすいので、十分気をつけて(　　)ように母に言われた。
② 癌による激しい痛みを和らげるために、副作用のある薬品を(　　)ことがある。
③ 人形を動かすのに、何本もの糸を上手に(　　)のは、まるで魔法のようだ。

(12) [ a 暮らす　　b 泊まる　　c 住む ]
① 定年後は、年をとった両親と一緒にふるさとで(　　)つもりだ。
② 今度の旅行では、京都に昔からある日本風の旅館に(　　)つもりだ。
③ 将来は、庭のある一戸建ての家に(　　)のが私の夢だ。

(13) [ a つまずいて　　b 踏んで　　c 蹴って ]
① 私は晩秋の山道を、落ち葉を(　　)歩くのが好きだ。
② 老人は小さな段差でも(　　)転ぶことがあるので、室内の段差をなくしたい。
③ 地面に描いた図の中で、小石を(　　)遊ぶゲームは世界中にあるそうだ。

## コラム

「足」の動作

☐の中の下線を引いた動詞には別の意味があります。適当な言葉を選び、「て形」にして(　　)に入れましょう。

　　サッカーボールを蹴る　　隣の人の足を踏む　　石につまずく

① この研究補助金は、書類を何種類も書くなど、面倒な手続きを(　　)からでないともらえない。
② 木村さんは社長からの申し出を(　　)退職し、仲間と小さな会社を設立した。
③ 今回のテストは簡単な問題に(　　)、点が取れなかった。

## 練習問題 ②

◆次の言葉の使い方として最もよいものを、1・2・3・4から1つ選びなさい。

**(1) こだわる**
1. このデザインは年齢や性別にこだわらず使える。
2. 同じデザインなら、色の違いにはこだわらない。
3. あの人は自分のことばかり主張して、他人のことに全然こだわらない。
4. 山田さんはあの事件に直接こだわっていない。

**(2) ねたむ**
1. 人の命を奪う戦争をねたむ気持ちは誰でも持っている。
2. 犯人は恋人の冷たい態度をねたんで、事件を起こしたらしい。
3. 自分の思う通りにならない世の中をねたんでも仕方がない。
4. 彼は同僚の昇進をねたんでいる。

**(3) 見なす**
1. 試験の最後に、もう一度答えを見なした。
2. 山の頂上から見なした町の景色は、10年前と全く変わらなかった。
3. 「出欠の返事がない者は欠席と見なします。」
4. 全員が見なした問題についてまだ反対意見を言っている人がいる。

**(4) どなる**
1. 子供の頃はよくいたずらをして、隣のおじいさんにどなられたものだ。
2. カラオケで何時間もどなったので、声がかれた。
3. 国会で首相の演説中に他の議員がどなるのは見苦しい。
4. 誰もいない所で大きい声でどなりたくなることがある。

**(5) 果たす**
1. 自然が果たすエネルギーを利用しようという試みが盛んになってきた。
2. 技術力が向上するように、自分に課題を果たすことにした。
3. 取引会社でのプレゼンテーションがうまくいって、自分の責任が果たせた。
4. 全力を果たしてこの事業を成功させようと思う。

**(6) 眺める**
1. 読み始めた本がおもしろくて、夜中まで眺めつづけてしまった。
2. ドアが少し開いていたので、隣の人の部屋を眺めてしまった。
3. 海辺を歩いていると、恋人同士が眺め合っていた。
4. ホテルの部屋からすばらしい夜景を眺めることができた。

(7) 携わる
1. カレーなどのレトルト食品がいつも携わっていると便利だ。
2. 姉は雑誌の編集の仕事に携わっている。
3. 都会で仕事をしていると、ときどき海や山などの自然に携わりたくなる。
4. 旅行に携わるのに便利な商品がいろいろある。

(8) 恐れる
1. 殺人事件などの恐れるニュースが続くと、つくづく嫌な世の中になったものだと思う。
2. いたずらをして父に恐れられてしまった。
3. 失敗を恐れずいろいろなことにチャレンジしようと思う。
4. 偏見による差別に対して恐れている人は多い。

### コラム

「口」の動き

□ の中の下線を引いた動詞には別の意味があります。適当な言葉を選び、「て形」にして（　　）に入れましょう。

| りんごをかじる　あめをなめる　ジュースをのむ　笛を吹く |

① 「試合をするときは相手が弱くても（　　）はいけません。全力を出して戦いなさい。」
② 韓国語を少し（　　）みたことがあるが、全然話せない。
③ 彼はアメリカの大統領に会ったことがあるなどと、よくほらを（　　）いる。
④ 誘拐された子供を助けるために、両親は犯人の要求を（　　）お金を準備した。

# 1-2 動詞（変化、動き）

## a. 消える、なくなる、終わるなど

失う　隠れる　欠ける　消える　廃れる　済む　絶える　断つ　尽きる
途切れる　なくす　除く　外す　省く　滅びる　やむ

## b. 変化、変形

あせる　あふれる　余る　改まる　薄める　衰える　かさばる　固まる
枯れる　変わる　腐る　加える　刻む　崩す　削る　凍る
凝る　壊す　裂く　さびる　しおれる　しなびる　しびれる　澄む
添える　染まる　たまる　ちぎる　縮む　つぶす　溶ける　伸びる
化ける　腫れる　控える　ひねる　広まる　膨らむ　太る　曲げる
増す　むく　むくむ　破る　ゆがめる　汚れる　弱める

## c. 移動

集める　至る　移る　送る　押し寄せる　及ぶ　帰る　越える　さかのぼる
ずれる　迫る　達する　近づく　着く　出かける　遠ざかる　届ける
どく　流れる　逃げる　逃れる　経る　巡る　もたらす　戻る　渡る

## d. 物の動き

裏返す　傾く　覆す　こぼれる　転がる　転ぶ　沈む　注ぐ
倒れる　垂れる　漬ける　とどまる　止まる　残る　ひっかかる
ひっくり返す　ぶら下がる　震える　回る　向く　潜る　漏れる　揺れる

## e. 物と物の関係

値する　当たる　当てはまる　覆う　帯びる　囲む　かなう　兼ねる　かぶせる
くるむ　異なる　属する　備える　保つ　適する　整う　似合う　似る
含む　混ぜる

## f. 自然現象

映る　輝く　きしむ　さえずる　しみる　照る　鳴く　鳴る　にじむ　ぬれる　響く　ほえる

## g. その他

ありふれる　うずめる　埋める　生じる　詰める　積む　連なる　挟む
はめる　湧く　寄りかかる　寄り添う

## 練習問題 ①

◆[　　　]から適当な言葉を選んで(　　　)に入れなさい。

### a. 消える、なくなる、終わるなど

(1) [ a 欠けて　b 消えて　c 隠れて ]
① 友達を驚かそうと思って、木の後ろに(　　)いた。
② パソコンの操作を間違えたために、大事なデータが(　　)しまった。
③ けがでメンバーが(　　)、試合に出られなくなってしまった。

(2) [ a なくして　b 尽きて　c 失って ]
① 旅行先でパスポートを(　　)、とても困った。
② 経営していた会社が倒産して、財産をすべて(　　)しまった。
③ 病気で長く入院していたので、老後のための蓄えが(　　)しまった。

(3) [ a 絶えて　b 滅びて　c 廃れて ]
① 小学校時代の親友の消息がいつのまにか(　　)しまった。
② このまま環境破壊が続くと、地球はいつか(　　)しまうだろう。
③ 流行はあっと言う間に広がるが、すぐ(　　)しまうものだ。

(4) [ a 外して　b 除いて　c 省いて ]
①「今後はできるかぎり経費の無駄を(　　)、コストを下げよう。」
② 大きな災害の後では、被災者の心の不安を(　　)いくことが大切だ。
③ 今度の試合ではA君をメンバーから(　　)、B君を入れることにしよう。

(5) [ a やむ　b 済む　c 途切れる ]
① 彼は仕事が(　　)と、すぐ同僚と飲みに行ってしまった。
② 雨が(　　)まで、喫茶店でコーヒーでも飲むことにした。
③ 町の家並みが(　　)と、そこには広大な雪原が広がっていた。

### ヒント

(1) **欠ける**：皿／月が～　常識に～
(2) **尽きる**：次第に減って、最後になくなること。力が～　話が～ない
　　**失う**：「なくす」より書き言葉的。身の回りの物には使わない。信用を～
(3) **絶える**：続いていたものがそこで終わって、先が続かなくなること。音信／送金／息が～
　　**廃れる**：一時盛んであった物事の勢いが弱くなること。古くからの習慣が～　～た商店街
(4) **外す**：そこにあったものを取り去ること。壁から額を～　マスクを～
　　**除く**：邪魔な物、不要な物を取り去ること。障害物を～
　　**省く**：不要なものをなくして、簡単にすること。説明／手間を～
(5) **途切れる**：連続していたものが消えること。記憶／会話が～

## b．変化、変形

**（1）**［ a 変わって　　b 化けて　　c 改まって ］
① 日本の昔話には、キツネが若い女性に（　　）人をだます話がある。
② 連休にドライブで遠出しようと思ったが、渋滞で気が（　　）、近場にした。
③ 法律が（　　）、この歩道は自転車が通行できるようになった。

**（2）**［ a 添えて　　b 増して　　c 加えて ］
① 車は高速道路に入ると、スピードを（　　）快調に走った。
②「味が薄かったら、塩を（　　）調節してください。」
③ 友達の誕生日に小さなプレゼントにカードを（　　）贈った。

**（3）**［ a たまって　　b あふれて　　c 余って ］
① しばらく旅行していたので、机の上にうっすらほこりが（　　）いた。
② パーティーに来た人が少なかったので、料理が（　　）しまった。
③ 最近見た映画は感動的な映画で、涙が（　　）止まらなかった。

**（4）**［ a かさばって　　b 膨らんで　　c 広まって ］
① あのレストランはおいしいという評判が（　　）、いつ行っても込んでいる。
② この荷物は軽いが、（　　）運びにくい。
③ 暖かくなって、桜のつぼみもかなり（　　）きた。

**（5）**［ a 薄めて　　b 控えて　　c 弱めて ］
① 最近太りすぎなので、野菜中心の食事にして、カロリーを（　　）いる。
②「この液体洗剤は水で3倍に（　　）お使いください。」
③ 台風は上陸後、勢力を（　　）北上している。

### ヒント

（1）**改まる**：新しく変わること。公的な物事について言う。競技のルール／年が～
（2）**増す**：程度が多くなる、多くすること。水量／悲しみが～　水量／悲しみを～　数量として表す場合は「増える」「増やす」を使う。体重が3キログラム増えた
（4）**かさばる**：体積が大きいことに使う。～て邪魔な荷物　　**膨らむ**：風船／夢が～
（5）**控える**：分量や回数を少なくしたり、その行為をしないこと。健康のためにタバコを～　外出／発言を～

(6) [ a ゆがめて  b ひねって  c 曲げて ]
① ドアに指を挟んであまりに痛かったので、顔を(　　　)座り込んでしまった。
② 階段を下りているときに、足を(　　　)しまって、痛い。
③ 針金を(　　　)、動物の形のブローチを作った。

(7) [ a 崩して  b つぶして  c 壊して ]
① 暑いので、冷たいものばかり飲んでいたら、おなかを(　　　)しまった。
② ジュースなどの空き缶は洗ってから(　　　)、資源ごみに出している。
③ 山を(　　　)造った宅地に、ずらりと住宅が並んでいる。

(8) [ a ちぎって  b 裂いて  c 破って ]
① 庭に来た小鳥たちにパンを細かく(　　　)まいた。
② 古くなったシーツを(　　　)ぞうきんに再利用した。
③ 人質救出のため、警官はドアを(　　　)中に入った。

(9) [ a 削って  b 刻んで  c むいて ]
① ハンバーグを作ろうとたまねぎを(　　　)いたら、涙が出てきた。
② 食後のデザートに、りんごを(　　　)出した。
③ おじいさんが竹を(　　　)おもちゃを作ってくれた。

(10) [ a しおれて  b しなびて  c 枯れて ]
① 冬になると木の葉は落ちて、草花は(　　　)しまう。
② 冷蔵庫に入れておいたりんごが、すっかり(　　　)しまった。
③ (　　　)いた花に、水をやったら元気になった。

(11) [ a あせて  b 染まって  c 汚れて ]
① 長年使っているソファーが日に焼けて、色がすっかり(　　　)しまった。
② 干してあった洗濯物が風で落ち、(　　　)しまった。
③ 西の空が夕日で真っ赤に(　　　)いるから、明日もいい天気になりそうだ。

---

**ヒント**

(6) **ゆがめる**：正常な形の物、まっすぐなものを変形させること。
(7) **つぶす**：物に外から力を加えてもとの形をなくすこと。
　　**壊す**：形だけでなく、機能をだめにすることにも使う。カメラ／体を〜
(10) **しおれる**：茎、花、葉などが弱って元気がなくなること。
　　**しなびる**：水分がなくなって縮むこと。野菜が〜

(12) [ a 固まって  b 澄んで  c 凝って ]
① 長時間、編み物をしていたら、肩が(　　　)しまった。
② ゼリー液を作って冷蔵庫に入れたら、30分後には、もう(　　　)いた。
③ この辺りは都会に比べて空気もきれいだし、川の水も(　　　)いる。

(13) [ a さびて  b 腐って  c 溶けて ]
① 冷蔵庫に入れ忘れた肉が(　　　)しまった。
② 冷凍庫が壊れて、アイスクリームが(　　　)しまった。
③ 鋼の包丁は手入れをしないと(　　　)しまうので、ステンレスの包丁を使う人が多い。

(14) [ a しびれて  b 腫れて  c むくんで ]
① 長い間正座をしていたら、足が(　　　)立てなくなった。
② 歯が痛くて、ほっぺたが(　　　)しまった。
③ 飛行機の中でずっと靴を脱いでいたら、足が(　　　)靴がはけなくなってしまった。

## c. 移動

(1) [ a もたらす  b 送る  c 届ける ]
① 北国の人々は、春を(　　　)南風を待ち望んでいる。
② 夜遅くなったので、遊びに来ていた友達を駅まで(　　　)ことにした。
③ 落とし物を拾ったときは、すぐ交番に(　　　)こと。

(2) [ a 達した  b 及んだ  c 越えた ]
① 今年の旭川の最低気温は、マイナス20度に(　　　)。
② 会議が長引いて、深夜にまで(　　　)。
③ 梅の花が咲き始め、ようやく寒さもピークを(　　　)。

---

**ヒント**

(14) **腫れる**：病気などのために体の一部が膨れること。まぶたが〜
　　　**むくむ**：水がたまって体の一部または全体が膨れること。飲みすぎて顔が〜

(2) **達する**：ある数量や程度まで届くこと。山頂／目標額に〜　　**及ぶ**：物事が続いたり広がったりして、ある所・範囲まで届くこと。被害が各地に〜　議論が国際問題に〜

(3) [ a どいて　　b ずれて　　c 移って ]
① 市役所が駅の向こうに(　　)しまったので不便になった。
② 朝、慌てて上着を着たので、ボタンが1つずつ(　　)いた。
③ 「入り口に立っていると邪魔ですから、(　　)ください。」

(4) [ a 遠ざかって　　b 逃げて　　c 逃れて ]
① 長い間(　　)いた犯人をついに逮捕した。
② 犯人は警察の追及を(　　)外国へ行ったらしい。
③ 恋人を乗せた汽車は、みるみるうちに(　　)見えなくなってしまった。

(5) [ a 帰って　　b さかのぼって　　c 戻って ]
① 今日のパーティーは人数が多かったので、客が(　　)から後片付けが大変だった。
② ゆうべ子供が39度の熱を出したが、けさは平熱に(　　)いて安心した。
③ 税金の申告漏れがあったので、3年前まで(　　)払わなければならない。

(6) [ a 押し寄せて　　b 近づいて　　c 迫って ]
① 家の裏に山が(　　)いるので、地震で土砂が崩れる恐れがある。
② 遠くで手を振っている人がいるので、誰かと思って(　　)みたら田中さんだった。
③ 地震の後、数時間して津波が(　　)きた。

### d. 物の動き

(1) [ a 転んで　　b 傾いて　　c 倒れて ]
① 新築したばかりなのに、地盤が弱くて家が少し(　　)しまった。
② 昨夜の台風で、裏庭の木が地面に(　　)いた。
③ 急いで歩いていたら、石につまずいて(　　)しまった。

### ヒント

(4) 逃げる：具体的にそこから離れる場合に使う。問題から〜
　　逃れる：そのことに関わりを持たない状態になる場合に使う。責任／難を〜　津波から〜
(6) 押し寄せる：激しい勢いで多くのものが近づいてくること。群衆／大波が〜
　　迫る：時刻、距離、力があるものが近づいてくること。締め切り／敵が〜

(2) [ a 裏返して　　b 覆して　　c ひっくり返して ]
　① バケツを(　　　)、床が水浸しになってしまった。
　② 大統領選挙では、多くの人の予想を(　　　)、A氏が当選した。
　③ テストが早く終わった人は、答案用紙を(　　　)、机の上に置いて出てください。

(3) [ a 回って　　b 震えて　　c 揺れて ]
　① 強風で船が(　　　)、気分が悪くなってしまった。
　② 地球は自転しながら太陽の周りを(　　　)いる。
　③ 公園で、子猫が冷たい雨に打たれて(　　　)いた。

(4) [ a 残って　　b とどまって　　c 止まって ]
　① 大地震で、電気もガスも(　　　)しまった。
　② 田中氏は高齢なのに、まだ社長の地位に(　　　)いる。
　③ 今日はみんなが帰った後、1人で会社に(　　　)仕事をした。

(5) [ a ひっかかって　　b 垂れて　　c ぶら下がって ]
　① 子供が揚げたたこが木の枝に(　　　)、取れなくなってしまった。
　② 水道の蛇口をよく締めていないらしい。水がぽたぽた(　　　)いる。
　③ よく行く喫茶店に行ったら、ドアに「臨時休業」の札が(　　　)いた。

(6) [ a こぼれて　　b 漏れて　　c 注いで ]
　① 花瓶が倒れて、水が(　　　)しまった。
　② 変なにおいがする。ガスが(　　　)いるのかもしれない。
　③ 家の近くを流れている川は、東京湾に(　　　)いる。

(7) [ a 沈んで　　b 漬けて　　c 潜って ]
　① 汚れがひどい衣類は、しばらくお湯に(　　　)おいてから洗ったほうがいい。
　② ニュースによると、船が氷山に衝突して(　　　)しまったということだ。
　③ 彼は海に(　　　)貝や魚をとり、生計を立てている。

**ヒント**

(2) **覆す**：今までの体制、概念などを否定すること。判決／定説を〜
　　**ひっくり返す**：主に上下、裏表を逆にすることに使う。
(5) **ひっかかる**：何かにかかって離れないこと。釣り糸が枝に〜　魚の骨がのどに〜

### e. 物と物の関係

**(1)** [ a 当てはまる　　b 当たる　　c かなう ]
① 「次の文を読んで、□に（　　　）言葉を書きなさい。」
② この頃の天気予報はよく（　　　）。予報通り午後から雨になった。
③ A大学に合格するという望みが（　　　）ように、近くの神社にお参りした。

**(2)** [ a 保って　　b 備えて　　c 整って ]
① 彼女はきれい好きで、いつも部屋の中が（　　　）いる。
② 最近の携帯電話は多くの機能を（　　　）いて、便利だ。
③ 実験室の温度は常に一定の温度を（　　　）いる。

**(3)** [ a 適さない　　b 値しない　　c 似合わない ]
① 日本の気候はこの南国の植物には（　　　）ようで、枯れてしまった。
② こんなつまらない企画は検討に（　　　）。
③ フリルのついたブラウスは、ボーイッシュな彼女には（　　　）。

**(4)** [ a かぶせた　　b 覆った　　c くるんだ ]
① マジシャンは、鳩の入った箱に布を（　　　）。
② 一晩中降り続いた雪が地面を真っ白に（　　　）。
③ 散歩をしていて寒くなったので、持ってきた毛布で赤ん坊を（　　　）。

**(5)** [ a 混ぜて　　b 含んで　　c 帯びて ]
① 山田さんは少し酒気を（　　　）運転して、交通違反で捕まった。
② 「見学の費用は1,500円です。これは昼食代を（　　　）います。」
③ 「野菜を炒める前に、調味料をよく（　　　）おいてください。」

### f. 自然現象

**(1)** [ a 響く　　b 鳴る　　c きしむ ]
① チャイムが（　　　）と同時に、子供たちが教室から出てきた。
② お風呂で歌うと声が（　　　）ので、歌が上手になったような気がする。
③ この家は築30年以上で、廊下を歩くと（　　　）音がする。

---

**ヒント**

**(4)かぶせる**：上に何かを載せること。箱に布を〜　種に土を〜
　　**覆う**：下の物が隠れるように何かで包み込むこと。雪が地面を〜　ベールで顔を〜

(2) [ a しみて  b ぬれて  c にじんで ]
① 傘を持っていなかったので、すっかり雨に(　　　)しまった。
② 和紙の便箋を使うと、インクが(　　　)書きにくい。
③ こぼしたコーヒーがじゅうたんに(　　　)、跡が残ってしまった。

(3) [ a 輝いて  b 照って  c 映って ]
① 今日は日がかんかん(　　　)いるので、帽子をかぶっていったほうがよさそうだ。
② 夜、山荘から空を見上げると、満天に星が(　　　)いた。
③ 旅館の窓から外を見ると、夕焼けが湖に(　　　)とても美しかった。

(4) [ a 鳴いて  b さえずって  c ほえて ]
① ごみ置き場の近くでカラスがカアカアと(　　　)いる。
② 梅の木にうす緑色の小鳥が止まって(　　　)いる。
③ 今日は朝から、隣の犬がうるさく(　　　)いる。

## g. その他

(1) [ a はめて  b うずめて  c 埋めて ]
① 台所のタイルがはがれたので、違うタイルを(　　　)みたら、ぴったりだった。
② かわいがっていた小鳥が死んだので、庭に(　　　)お墓を作った。
③ 失恋した夜、一人枕に顔を(　　　)泣いた。

(2) [ a ありふれた  b 生じた  c 湧いた ]
① このスーツは(　　　)形だが、色がきれいなので買うことにした。
② 計画の途中で問題が(　　　)ので、このプロジェクトは一時中断されている。
③ パラリンピックを見て、失業中の私も再出発しようという勇気が(　　　)。

### ヒント

(2) **しみる**：液体が物の内部に入っていくこと。
　　**にじむ**：物についた液体が周囲に広がること。雨にぬれて字が〜だ

(1) **うずめる**：物に覆われて外から見えない状態にすること。マフラーに顔を〜
　　**埋める**：穴を掘ってその中に入れて見えなくすること。庭に生ごみを〜　ある部分、範囲を物でいっぱいにすること。壁の穴をセメントで〜
(2) **生じる**：意見の違い／差が〜　　**湧く**：やる気／希望が〜

(3) [ a 挟んで　　b 積んで　　c 詰めて ]
① 私が作った野菜を箱に(　　　)、友人に送った。
② 読んでいたページを忘れないように、しおりを(　　　)本を閉じた。
③ 引っ越しの荷物をトラックに(　　　)、新しいアパートに出発した。

(4) [ a 寄り添って　　b 寄りかかって　　c 連なって ]
① 遊び疲れた子供が、大きなぬいぐるみに(　　　)眠っている。
② 老夫婦が(　　　)、仲良く公園を歩いているのを見た。
③ 日本アルプスは高い山々が(　　　)いて、とても美しいところだ。

## コラム

「手」の動作

　　　　の中の下線を引いた動詞には別の意味があります。適当な言葉を選び、「て形」にして(　　　)に入れましょう。

| 野菜を刻む　　レモンをしぼる　　箱をつぶす　　紙を破る |
| 手を握る　　荷物を抱える　　ボールを投げる |

① 待ち合わせの時間まで30分以上あったので、本屋で時間を(　　　)から行った。
② 警察は彼が犯人であるという証拠を(　　　)いる。
③ あの時計は100年以上も時を(　　　)いる。
④ 彼は二度と遅刻をしないという先生との約束を(　　　)しまった。
⑤ 彼はお金のことだけでなく、いろいろな問題を(　　　)いる。
⑥ この論文は、もう少し焦点を(　　　)書いたほうがいい。
⑦ A選手は、テニスの試合を途中で(　　　)しまった。

## 練習問題 ②

◆次の言葉の使い方として最もよいものを、1・2・3・4から1つ選びなさい。

(1) 断つ
1. 歩きながら携帯電話で話していたら、車の音で声が断たれてよく聞こえなかった。
2. 地震で交通手段が断たれて、帰宅できなかった人が大勢いた。
3. 限りある資源が断たれないように、対策を考えなければならない。
4. 部屋を片付けるときは、思い切って要らないものを断つことが必要だ。

(2) 至る
1. 鈴木さんの講演会は、各地で1か月に至って開かれた。
2. 昨夜は友達とお酒を飲んで、我が家に至ったのは深夜だった。
3. 今日は温度が下がり、この冬一番の寒さに至った。
4. 父の会社を受け継いでから今日に至るまでには、多くの困難があった。

(3) 巡る
1. アルバムを巡っているうちに、懐かしい写真を見つけた。
2. この地域は周囲を山が巡っていて、冬の寒さが厳しい。
3. 山中にいくつかある湖を巡って、紅葉を楽しんだ。
4. 氷の上で何回も巡る選手の演技に、観客は盛大な拍手を送った。

(4) 兼ねる
1. A国では、首相が外務大臣を兼ねている。
2. 携帯電話は機種が変わっても、機能は兼ねている。
3. アルバイトで塾の講師と皿洗いを兼ねている。
4. 試験やレポートで忙しいときには、友達にアルバイトを兼ねてもらう。

(5) 属する
1. この事件に属する資料を集めるために、図書館へ行った。
2. このプロジェクトは会社の方針に属して進められている。
3. その展覧会は人気が高くて、1時間半行列に属してやっと会場に入れた。
4. 虎は動物の分類上、猫科に属している。

## コラム

**自動詞**

　　　の中の下線を引いた動詞には別の意味があります。適当な言葉を選び、「て形」にして（　　　）に入れましょう。

| 空が赤く染まる　　水が漏れる　　雪が解ける　　夕日が沈む |
| 木の枝が揺れる　　花がしおれる |

① 何時間も話し合った結果、ようやく誤解が(　　　)、仲直りした。
② 仲間だけしか知らない秘密が(　　　)いるようだ。
③ 受験するかどうか、気持ちが(　　　)いる。
④ 妹はお母さんに叱られて、(　　　)いる。
⑤ 弟は高校生になってから、暴走族の仲間に入り、悪に(　　　)しまった。
⑥ 長年飼っていた犬が死んで、家中の空気が(　　　)いる。

# 1-3 動詞（する動詞）

**a. かえる**
変化（へんか）　変革（へんかく）　変更（へんこう）　変動（へんどう）　一変（いっぺん）　換金（かんきん）　転換（てんかん）　交換（こうかん）　交替（こうたい）　還元（かんげん）

**b. でる、はいる**
出現（しゅつげん）　出発（しゅっぱつ）　進出（しんしゅつ）　転出（てんしゅつ）　輸出（ゆしゅつ）　脱出（だっしゅつ）　脱退（だったい）　発車（はっしゃ）　発揮（はっき）　登録（とうろく）　登場（とうじょう）
入場（にゅうじょう）　到達（とうたつ）　到着（とうちゃく）　着陸（ちゃくりく）　参加（さんか）

**c. すてる、なくす**
棄権（きけん）　破棄（はき）　廃棄（はいき）　放棄（ほうき）　除外（じょがい）　削除（さくじょ）　排除（はいじょ）　撤去（てっきょ）

**d. はじまる、おわる**
開会（かいかい）　開始（かいし）　始業（しぎょう）　着工（ちゃっこう）　着手（ちゃくしゅ）　完了（かんりょう）　終了（しゅうりょう）　閉店（へいてん）

**e. やめる、とめる**
停止（ていし）　停滞（ていたい）　停車（ていしゃ）　駐車（ちゅうしゃ）　阻止（そし）　中止（ちゅうし）　防止（ぼうし）　予防（よぼう）　断水（だんすい）

**f. すすむ、しりぞく**
発達（はったつ）　発展（はってん）　進展（しんてん）　進歩（しんぽ）　促進（そくしん）　退職（たいしょく）　引退（いんたい）　後退（こうたい）　撤退（てったい）　辞退（じたい）　辞職（じしょく）
向上（こうじょう）　充実（じゅうじつ）　避難（ひなん）

**g. のばす、ちぢめる**
延期（えんき）　延長（えんちょう）　拡充（かくじゅう）　拡大（かくだい）　拡張（かくちょう）　膨張（ぼうちょう）　縮小（しゅくしょう）　圧縮（あっしゅく）　短縮（たんしゅく）

**h. なおす**
改革（かいかく）　改善（かいぜん）　改訂（かいてい）　改良（かいりょう）　改修（かいしゅう）　修正（しゅうせい）　修理（しゅうり）　回復（かいふく）　是正（ぜせい）　治療（ちりょう）

**i. たすける**
救済（きゅうさい）　救助（きゅうじょ）　援助（えんじょ）　応援（おうえん）　介護（かいご）　看護（かんご）　保護（ほご）　看病（かんびょう）　介抱（かいほう）

**j. しらべる、さがす**
審査（しんさ）　捜査（そうさ）　捜索（そうさく）　模索（もさく）　観察（かんさつ）　視察（しさつ）　診察（しんさつ）　検討（けんとう）　探検（たんけん）　吟味（ぎんみ）　分析（ぶんせき）

**k. あつめる、あわせる**
集合（しゅうごう）　集中（しゅうちゅう）　採集（さいしゅう）　収集（しゅうしゅう）　密集（みっしゅう）　結成（けっせい）　団結（だんけつ）　結合（けつごう）　統合（とうごう）　合併（がっぺい）

## 練習問題 ①

◆[　　　]から適当な言葉を選んで(　　)に入れなさい。

(1) [ a 転換　b 変化　c 一変 ]
① 気温が急に(　　)すると、体の調子がおかしくなる。
② 去年まで山林だった所が住宅地になって、景色が(　　)してしまった。
③ 不況のため、絶対にリストラしないという方針を(　　)することになった。

(2) [ a 変更　b 交換　c 変動 ]
① 会議が長引いてしまったので、友人との待ち合わせの時間を(　　)した。
② 石油価格が(　　)すると、ガスや電気料金に影響を与える。
③ 電気製品は部品を(　　)するより、新しいのを買ったほうが安いことがある。

(3) [ a 修理　b 改修　c 修正 ]
① 近くの図書館は(　　)していて利用できないので、中央図書館まで行った。
② この椅子は壊れてしまったので、(　　)しないと使えない。
③ このポスターは、文字の大きさを少し(　　)したほうがいい。

(4) [ a 改良　b 改訂　c 改善 ]
① 電気自動車はかなり(　　)されて、普及し始めた。
② A国とB国の関係は、この協定を結ぶことによって(　　)されるだろう。
③ この辞書は(　　)されて、さらに使いやすくなった。

(5) [ a 移転　b 移動　c 移住 ]
① 定年退職後、オーストラリアなど海外に(　　)する夫婦が増えているそうだ。
②「この部屋は会議に使いますので、皆さんはあちらの部屋に(　　)してください。」
③ 都心にあった事務所が狭くなったので、郊外の広い場所に(　　)した。

(6) [ a 進出　b 転出　c 脱出 ]
① 田中さんは、この春、東京本社から子会社に(　　)した。
② 事故を起こした飛行機から無事(　　)した乗客にインタビューした。
③ 経済活動の場を広げようと、多くの企業が海外に(　　)している。

### ヒント

(1) 転換：政策を〜する　スポーツで気分〜する
(3) 改修：建物を〜する
(4) 改良：機械など具体的なものを良くすること。　改訂：書物を〜する
　　改善：条件、関係、事態などの抽象的なものをよくすること。
(5) 移転：会社／店を〜する
(6) 転出：役所に〜届を出す

(7) [ a 発足　b 実現　c 発揮 ]
① 今年はこのＮＰＯが(　　　)して10年目なので、パーティーをすることなっている。
② 英語が得意な鈴木さんにとって、海外勤務は実力を(　　　)するいいチャンスだ。
③ デザイナーになるという夢を(　　　)するために、フランスに留学した。

(8) [ a 到達　b 到着　c 着陸 ]
① 遅れていた飛行機がやっと(　　　)して、疲れ切った乗客が降りてきた。
② 昨日の会議では長い時間かかって、ようやく一つの結論に(　　　)した。
③ 人が乗った宇宙船が月に初めて(　　　)したのは、1969年のことだ。

(9) [ a 登場　b 入場　c 出現 ]
① 砂漠の中に突然近代的な町が(　　　)して、びっくりした。
② 芝居が終わった後、再び俳優たちが(　　　)すると、大きな拍手が起こった。
③ オリンピックの開会式では、アルファベット順に各国の選手が(　　　)する。

(10) [ a 放棄　b 破棄　c 廃棄 ]
① Ａさんは、一方的に婚約を(　　　)されて、ショックを受けている。
② クイズで海外旅行が当たったが、仕事が忙しくて、その権利を(　　　)してしまった。
③ 冷蔵庫などの電気製品を(　　　)するときは、専門の業者に頼まなければならない。

(11) [ a 排除　b 撤去　c 削除 ]
① 大統領は、軍隊を使って反対勢力を(　　　)しようとした。
② 先輩に論文を見てもらったら、長すぎると言って、何か所も(　　　)されてしまった。
③ 地震で壊れたビルを(　　　)する作業が続いている。

(12) [ a 着手　b 着工　c 開始 ]
① 入学試験は、各学部一斉に午前９時に(　　　)された。
② 業績が上がらないプロジェクトを中止して、新しいプロジェクトに(　　　)することにした。
③ ４月に(　　　)された新しい本社ビルは、来春完成する予定だ。

**ヒント**

(8) **到達**：目標や結論に達すること。　　**到着**：目的地に着くこと。
(9) **出現**：今までなかったものが現れること。
(10) **放棄**：権利、利益、責任などを捨てること。　　**破棄**：約束を〜する
　　**廃棄**：不要なものを捨ててしまうこと。
(11) **撤去**：建物など、大きいものを取り除くこと。

(13) [ a 突破　b 打破　c 打開 ]
① 売り上げが伸びないという事態を(　　)するために、新たな分野に進出することにした。
② 不合理だとわかっていても、古くから続いている慣習を(　　)するのは難しい。
③ 人気歌手Hの新しいCDの売り上げ枚数は、1週間で100万枚を(　　)したそうだ。

(14) [ a 停滞　b 中止　c 停止 ]
① 住民投票の結果、Aダムの建設工事は(　　)されることになった。
② 食中毒患者を出したB店は、保健所から営業を一時(　　)するように通告された。
③ 今のように景気が(　　)したままだと、倒産する会社が増えてしまう。

(15) [ a 阻止　b 防止　c 予防 ]
① 高層マンションの建設を(　　)しようと、住民が反対集会を開いた。
② 毎年夏になると、水の事故を(　　)するための方策がとられるが、犠牲者は減らない。
③ 成人病を(　　)するには、生活習慣を見直すことが大切だ。

(16) [ a 拡充　b 拡大　c 拡張 ]
① 交通渋滞が激しいので、道路を(　　)する工事が進められている。
② 「この新聞のコピーは字が小さいので、もっと(　　)してください。」
③ このスポーツセンターは、トレーニングルームなどの施設が(　　)されて、利用者が増えた。

(17) [ a 縮小　b 圧縮　c 短縮 ]
① 交通機関の発達によって、世界各地への移動に要する時間が大幅に(　　)された。
② 長引く不況で事業の規模を(　　)することになった。
③ 殺虫スプレーの缶には(　　)された薬品が入っている。

## ヒント

(13) 打破：よくない習慣や考え方を取り除くこと。因習を〜する
　　　打開：行き詰まった状態や局面を〜する
(14) 停滞：秋雨前線が〜する(天気予報)　　中止：途中で止めてしまうこと。
　　　停止：続いている途中で一時止めること。
(15) 防止：よくないことが起こるのを防ぐこと。災害／騒音を〜する
　　　予防：よくないことを防ぐために予め対策を考えること。予防注射　火災予防
(16) 拡充：組織や設備などを充実させること。　　拡大：形を大きくすること。図を〜する
　　　拡張：道路や領土などの範囲を広げ、大きくすること。軍備を〜する

(18) [ a 発達　b 発展　c 進歩 ]
① 乳児期の言語能力は、母親が赤ん坊に話しかけることによって、一層(　　　)するそうだ。
② 町を(　　　)させるためには、道路の整備が必要だ。
③ 何年も習っているのに、私の英語は少しも(　　　)していない。

(19) [ a 進展　b 促進　c 向上 ]
① 地下鉄の工事をめぐる東京都と住民との話し合いは、昨年からほとんど(　　　)していない。
② 他社との競争によって、製品の品質が(　　　)し、売り上げが伸びた。
③ 野菜の成長を(　　　)するために、週1度この肥料を使っている。

(20) [ a 避難　b 撤退　c 後退 ]
① 私が応援しているGチームは3試合連続して負け、2位から3位に(　　　)した。
② 初めて海外に進出して支店を作ったが、営業不振のため(　　　)することになった。
③ 東京の三宅島では、火山の噴火で全島の住民が(　　　)した。

(21) [ a 昇進　b 上昇　c 出世 ]
① 台風が通過した後、気温がぐんと(　　　)して、暑くなった。
② 「田中さんがこの4月に課長に(　　　)したので、お祝いの会をしよう。」
③ 会社で(　　　)することより、自分の生活を大切にしようと考える若者が増えている。

(22) [ a 墜落　b 転落　c 落下 ]
① 建築現場では、上から危険物が(　　　)してくる危険性が常にある。
② 弟は登山中に、岩場で足を滑らせ、(　　　)して大けがをした。
③ 昨日、アルプスの山中に飛行機が(　　　)したというニュースを聞いた。

(23) [ a 暴落　b 低下　c 下降 ]
① 大草原の上を飛行した熱気球は、ゆっくり(　　　)し始めた。
② 最近、大学生の基礎学力が(　　　)していると言われている。
③ A銀行が破綻したというニュースが流れて、株価が(　　　)した。

**ヒント**

(18) 発達：機能や能力、技術などが高度な段階になること。心身／交通／医学が〜する
　　 発展：大きく広がり、盛んになること。町／経済が〜する　個人の能力に関しては「**進歩**」を使う。
(20) 撤退：活動をやめて、その場所から退くこと。軍隊が〜する　　　後退：景気／順位が〜する。
(21) 昇進：会社などの組織の中で役職が上がること。　　出世：社会的に立派な地位につくこと。
(22) 転落：人が〜する　　落下：物が〜する

(24) [ a 増加　　b 繁殖　　c 強化 ]
　① 隣の市は、この5年間で人口が10万人も(　　　)したそうだ。
　② B国は軍事予算を増やして、軍備を(　　　)すると発表した。
　③ 梅雨時はふきんやまな板にばい菌が(　　　)するので気をつけること。

(25) [ a 減少　　b 削減　　c 軽減 ]
　① 担当者を増やして、一人一人の仕事の負担を(　　　)することにした。
　② 最近、交通事故による死者が少し(　　　)している。
　③ A社は業績不振のため、リストラをして人件費を大幅に(　　　)した。

(26) [ a 破裂　　b 破壊　　c 破損 ]
　① この町は以前は緑が多かったが、開発によって自然が(　　　)されてしまった。
　② 送った荷物が(　　　)した場合は、運送会社が補償してくれる。
　③ 厳しい寒さが続いたので、水道管が(　　　)して水が噴き出してしまった。

(27) [ a 爆発　　b 崩壊　　c 爆破 ]
　① 新しいホテルに立て替えるため、古い建物を(　　　)して壊した。
　② 化学工場で漏れたガスに火がついて(　　　)し、多くのけが人が出た。
　③ 阪神大震災では、建物だけでなく高速道路までも(　　　)した。

(28) [ a 捜査　　b 捜索　　c 模索 ]
　① 警察は、京都で起きた女子大生殺人事件を(　　　)している。
　② 山で行方不明になった男性を(　　　)するため、救助隊が派遣された。
　③ 県は住民とともにごみ処理場の問題の解決方法を(　　　)している。

(29) [ a 審査　　b 吟味　　c 検討 ]
　① 海外への進出計画は、会議で充分(　　　)してから結論を出すことにした。
　② このレストランの料理は、材料をよく(　　　)して作っているので評判がいい。
　③ 2,000人の応募者を様々な角度から(　　　)して、主演女優を選んだ。

**ヒント**

(26) 破裂：内部からの圧力によって破れること。風船／タイヤが～する
　　　破損：物の一部が壊れること。
(27) 崩壊：建物や組織などが壊れて、その機能を失うこと。体制／家庭が～する　学級崩壊
　　　爆破：人為的に「爆発」を起こして物を破壊すること。ビルを爆破する　火山が爆発する
(29) 吟味：よく調べて適性なものを選ぶこと。魚を～して選ぶ

(30) [ a 見物　b 見学　c 観戦 ]
① 先週、京都へ行って、たくさん古いお寺を（　　　）した。
② 自動車工場へ行って、車ができる過程を（　　　）した。
③ 東京スタジアムへ行って、サッカーの試合を（　　　）した。

(31) [ a 視察　b 監視　c 観察 ]
① プールでは、事故が起きないように、係員が（　　　）している。
② 市の教育委員が小学校を（　　　）して、先生たちと話し合った。
③ 娘は植物の成長を（　　　）して、日誌をつけている。

(32) [ a 面談　b 会談　c 対談 ]
① 来月、日米の首脳が（　　　）する日程が、正式に決まった。
② 出版社の要望で、作家のA氏と財界人のB氏が（　　　）するそうだ。
③ 明日、採用が内定した3名が社長と（　　　）することになっている。

(33) [ a 援助　b 救済　c 救助 ]
① 山田さんは、川に落ちた子供を（　　　）して、警察から表彰された。
② 難民を（　　　）するために、世界各地の人々に支援を呼びかけた。
③ お金が足りないので、親に（　　　）してもらって車を買った。

(34) [ a 獲得　b 収穫　c 取得 ]
① Aチームは長年の悲願だった首位の座をやっと（　　　）した。
② 妹は大学で薬学を勉強し、薬剤師の免許を（　　　）した。
③ 今年は天候がよかったので、例年の2割増しのりんごを（　　　）した。

(35) [ a 応用　b 利用　c 運用 ]
① 最近は、本をあまり買わず、よく図書館を（　　　）している。
② 余分のお金は、有価証券で（　　　）している。
③ 言語学の研究に統計理論を（　　　）してみようと思っている。

> **ヒント**
> (30) 見物：観光名所などを見て楽しむこと。　　見学：知識を広め学ぶために工場などを見ること。
> (32) 面談：上司／先生と〜する
> (33) 援助：人にお金／品物を〜する　　救済：災害や不幸などで苦しんでいる人を助けること。
> (34) 獲得：努力して手に入れること。賞金／政権を〜する
> 　　　取得：手続きを経て手に入れること。資格を〜する

(36) [ a 制作　　b 作成　　c 製造 ]
① 明日の会議の資料を(　　)するように頼まれた。
② 弟はテレビ局で、ドキュメンタリー番組を(　　)している。
③ パンを(　　)する工場が近くにあり、ときどき、いいにおいがする。

(37) [ a 配分　　b 分配　　c 分担 ]
① この仕事は大変だが、みんなで(　　)すれば、1週間でできるだろう。
② この店では、もうけは働いている人全員に平等に(　　)している。
③ テストのとき、時間をうまく(　　)しないと、間に合わないことがある。

(38) [ a 結合　　b 結成　　c 団結 ]
① チーム全員が一致(　　)して戦えば、きっと優勝できるだろう。
② 水は水素と酸素が(　　)して出来たものである。
③ これまでのチームは解散し、新しいチームを(　　)して、戦うことにした。

(39) [ a 拘束　　b 封鎖　　c 束縛 ]
① 親が口出しして、子供の行動を(　　)してはいけないと思う。
② 警察は容疑者を(　　)して、取り調べをしている。
③ 内紛が起こったので、国境を(　　)して外国との出入りを禁止した。

(40) [ a 感謝　　b 感動　　c 感心 ]
① 久しぶりにすばらしい映画を見て(　　)した。
② 老人に親切にしている男の子を見て(　　)した。
③ 困っている私を助けてくれた彼に(　　)している。

(41) [ a 軽蔑　　b 憤慨　　c しっと ]
① 汚職事件ばかり起こす政治家に国民は(　　)している。
② いつも最後に責任逃れする彼を、みんなは(　　)している。
③ 兄は、何でもよくできて両親にかわいがられている弟に(　　)している。

**ヒント**

(36) 制作：映画／番組を～する　　cf. 製作：(道具や機械を使って)プラモデル／家具を～する
　　　作成：書類／図面／計画を～する

(37) 配分：割合を考えて分けて配ること。時間配分　　分配：全体を分けて配ること。

(41) …を軽蔑する　　…に憤慨する　　…にしっとする

(42) [ a 配慮　b 遠慮　c 考慮 ]
① パーティーの会場は、交通の便を（　　）して決めたほうがいい。
② このビルは、体の不自由な人やお年寄りにも（　　）して設計されている。
③ 友達の家に行ったが、（　　）して中に入らなかった。

(43) [ a 決断　b 診断　c 判断 ]
① 相手チームに5点も取られて、監督はようやく投手の交代を（　　）した。
② この会社は将来性があると（　　）して、投資することにした。
③ 精密検査の結果、しゅようは悪性のものではないと（　　）された。

(44) [ a 後悔　b 絶望　c 失望 ]
① あの作家は失恋の後、人生に（　　）して自殺したらしい。
② 期待して大学に入ったが、つまらない講義ばかりで（　　）している。
③ 新しい会社に誘われたのに、断ったことを今になって（　　）している。

(45) [ a 評価　b 批判　c 批評 ]
① 田中さんは上司の仕事のやり方を（　　）して、会社をやめさせられたそうだ。
② 絵や音楽を（　　）するには、高い鑑賞力が必要だ。
③ 木村氏は難しいプロジェクトを成功させて、その指導力を高く（　　）された。

(46) [ a 失脚　b 失業　c 辞退 ]
① 前首相は、政治献金をめぐるスキャンダルで（　　）した。
② 全国に支店を持つスーパーマーケットが倒産して、多くの社員が（　　）した。
③ A選手はこのマラソン大会に招待されていたが、けがのために出場を（　　）した。

(47) [ a 引退　b 辞職　c 退職 ]
① 社長は業績悪化の責任を取って（　　）することになった。
② 最近は結婚のために（　　）する女性は少ない。
③ 横綱のA力士は、体力の限界から相撲界を（　　）することになった。

---

**ヒント**

(42) **配慮**：人に〜する　　**考慮**：物事を〜する
(44) **絶望**：期待や希望が全くなくなること。世の中に〜する
　　　**失望**：期待通りでなくてがっかりすること。息子に〜する

(48) [ a 強行　　b 施行　　c 決行 ]
① 社長は重役たちの反対を押し切って、A社との合併を(　　)した。
② 雨が降っていたが、予定通り野外コンサートを(　　)した。
③ 東京都の新しい条例が来年度から(　　)されることになっている。

(49) [ a 妥結　　b 妥協　　c 譲歩 ]
① 彼は仕事の上で一切の(　　)をしない、厳しい人だ。
② 双方が歩み寄って、合併に関する交渉が(　　)した。
③ 取引先がこちらの事情を聞いて、支払い条件を(　　)してくれたので助かった。

(50) [ a 運営　　b 経営　　c 営業 ]
① この音楽会は企画から開催まで、すべて市民ボランティアによって(　　)された。
② 私は将来、貿易会社を(　　)したいと思っている。
③ 年中無休で、夜9時まで(　　)するデパートが出来たそうだ。

(51) [ a 助言　　b 忠告　　c 告知 ]
① 最近は、病名を(　　)してほしいという患者が増えている。
② いつもせきをしている友達に、タバコをやめるようにと(　　)した。
③ 研究に行き詰まったとき、先輩から(　　)されたことが問題の解決につながった。

(52) [ a 申請　　b 催促　　c 要請 ]
① 中国に旅行するためにビザを(　　)した。
② 山川氏は地域の住民に(　　)されて、区議会議員に立候補することになった。
③ 友達が、貸した本をなかなか返してくれないので、昨日(　　)した。

> **ヒント**
> (48) **強行**：邪魔や問題があっても、かまわず行うこと。　**決行**：予定通りに思い切って行うこと。
> (49) **妥結**：話し合いがまとまって、条約や契約を結ぶこと。　**妥協**：人と～する　～を図る
> (51) **助言**：アドバイスをすること。　**忠告**：過ちや注意点を指摘して、警告すること。
> (52) **申請**：役所に建築許可を～する　**要請**：就任／救助を～する

(53) [ a 操作　b 運転　c 操縦 ]
① 宇宙ステーションを建設するために、宇宙船の中からロボットアームを（　　）する実験が行われた。
② 俳優のA氏は外国を訪問するとき、自分で自家用機を（　　）して行くそうだ。
③ 祖父は今年75歳になったが、今でもスポーツカーを（　　）してどこへでも行く。

(54) [ a 採集　b 採掘　c 捕獲 ]
① 白いクジラが（　　）されたというニュースが昨日の新聞に出ていた。
② この地方は良質のダイヤモンドが（　　）されることで有名だ。
③ 南アメリカや東南アジアで（　　）された蝶の中には、宝石のように美しいものがある。

(55) [ a 供給　b 提供　c 支給 ]
① 環境への影響から、最近は、電力を（　　）するためのダム建設が見直されるようになった。
② 各家庭から、不要になった電気製品や衣類などを（　　）してもらって、バザーを開いた。
③ この市では、70歳以上の高齢者には無料のバス乗車券が（　　）される。

(56) [ a 処理　b 処置　c 対処 ]
① 子供がやけどをしたが、適切に（　　）したため、ほとんど跡が残らなかった。
② 複雑な事務を（　　）する能力では、長島君が一番優れている。
③ 若いときにいろいろな経験をすれば、将来、困難に（　　）する力がつくだろう。

### ヒント

(53) **操作**：機械などを動かして作業すること。　**運転**：自動車や電車などの乗り物や大きな機械を動かすこと。　**操縦**：飛行機や人を思い通りに動かすこと。

(55) **供給**：必要に応じて物を与えること。⇔需要　**支給**：役所や会社などが金品を渡すこと。

(56) **処理**：ある問題や事務などをすっかり片付けること。問題を～する
　　**処置**：適切な取り扱いをすること。けがや病気の手当てをすることもいう。
　　**対処**：問題や事件を適切に片付けること。問題に～する

## 練習問題 ②

◆次の言葉の使い方として最もよいものを、1・2・3・4から1つ選びなさい。

(1) 還元（かんげん）
1. この引換券を持っていけば、好きな商品に還元することができる。
2. 壊れた仏像を元通りに還元するには、専門的な高い技術が必要だ。
3. 円高によって出た利益を、企業は消費者に還元すべきである。
4. 台風で崩れた堤防を還元するために、工事が急ピッチで行われている。

(2) 介抱（かいほう）
1. 父が足を骨折したため、トイレに行くにも介抱しなければならない。
2. 姉は老人ホームで、お年寄りを介抱する仕事をしている。
3. 新入生歓迎会で、飲みすぎて酔っ払った友達を介抱した。
4. 遊園地で迷子になった子供を介抱して、案内所に連れて行った。

(3) 終了（しゅうりょう）
1. 会社に入って、3か月の研修期間がようやく終了した。
2. 人気があるというレストランに行ってみたが、先月、終了したということだった。
3. 厳しい暑さが続いた夏が終了し、秋らしくなってきた。
4. 長引く不況の影響で、長年勤めた会社が終了してしまった。

(4) 延長（えんちょう）
1. 朝から激しい雨が降っていたので、運動会を延長した。
2. マニュアルの文字が小さすぎて、延長しなければ読めないほどだ。
3. この道路は道幅が狭くて車が通れないので、延長したほうがいい。
4. この展覧会は評判がいいので、会期を延長することにした。

(5) 収集（しゅうしゅう）
1. 人事課の担当者は各大学を回って、有能な人材を収集している。
2. 彼は珍しい石を収集するのが趣味で、日本中を歩き回っている。
3. 何か事件があったのか、警察官がおおぜい収集していた。
4. A社の自動車にブレーキの異常が見つかり、ただちに収集することになった。

(6) 交替（こうたい）
1. 急用ができたので、彼女との約束の時間を交替してもらった。
2. 涼しくなってきたので、そろそろ夏物と冬物を交替したほうがいい。
3. 長時間のドライブは疲れるので、友達に運転を交替してもらった。
4. きのう買ったシャツに汚れがあったので、新しいものと交替してもらった。

(7) 回復
1. 不正が明らかになったA社が信頼を回復するには、かなりの時間がかかるだろう。
2. 長引いた風邪がようやく治ったと思ったら、また回復してしまった。
3. パソコンが動かなくなったので、初めから回復してみたが、やはりだめだった。
4. 雨が上がったので、中断していた試合を回復した。

(8) 発揮
1. 水泳のA選手は、オリンピックで実力を発揮して、金メダルを獲得した。
2. 大臣までした政治家の汚職事件が、検察庁によって発揮された。
3. ドイツ政府は、移民問題に関する政府の公式見解を発揮した。
4. 精神的に疲れたときは、スポーツなどでストレスを発揮したほうがいい。

(9) 充実
1. 今年は雨が少なかったせいで桃の生育が遅れ、まだ充実していない。
2. 会社が薬害の事実を報告しなかったことに対して、被害者の怒りが充実している。
3. 人気歌手Aさんのコンサートには若い女性が押し寄せ、会場が充実していた。
4. 念願だった出版業界に入り、仕事は忙しいが毎日が充実している。

(10) 是正
1. 大学でレポートを出す前に、日本人の友達に文法的な間違いを是正してもらった。
2. A国は貿易の不均衡を是正するために、B国に関税の引き下げを求めた。
3. 海外出張中に現地で暴動が起きたため、予定を是正して帰国することにした。
4. 買ったばかりのエアコンが壊れたので、部品を是正してもらった。

## コラム

▭の中から適当な言葉を選び、（　）に入れましょう。

**野球**

| ファインプレー　　ファン　　ルーキー　　アマチュア |
| オールスターゲーム　　エラー　　ホームラン |

A：私はスポーツ観戦が好きです。特に野球に興味があります。
B：そうですか。私もよく見ます。打撃好調の鈴木選手はよく（①　　　）やヒットを打ちますね。
A：今年高校を卒業した（②　　　）の松田選手の活躍もすばらしいですね。
B：野手の（③　　　）も私たち（④　　　）を喜ばせてくれますね。さすがプロの選手は（⑤　　　）のような（⑥　　　）は少ないですね。
A：そうですね。各チームの代表選手が出る（⑦　　　）も楽しみですね。

**相撲**

| 勝負　　黒星　　白星　　横綱　　土俵　　力士　　軍配 |

A：相撲を見たことがありますか。
B：テレビでよく見ます。あれは日本の伝統的なスポーツですね。
A：ええ、競技をする円形の（①　　　）や座布団に座って見るさじきは昔の劇場のようですね。（②　　　）を判定する行司の（③　　　）を持つ姿も珍しいでしょう。
B：（④　　　）の中で一番位の高い人を何といいますか。
A：（⑤　　　）といいます。次が大関です。勝つことを（⑥　　　）、負けることを（⑦　　　）というのもおもしろいでしょう。
B：今度は実際に見に行きたいです。

# 1-4 複合動詞

| | | | | | | |
|---|---|---|---|---|---|---|
| 上がる | 1 [上へ] | 起き上がる | 立ち上がる | 飛び上がる | 燃え上がる | |
| | 2 [非常に] | 晴れ上がる | 震え上がる | 盛り上がる | 沸き上がる | |
| | 3 [完成する] | 刷り上がる | 染め上がる | 出来上がる | 焼き上がる | |
| 上げる | 1 [上へ] | 打ち上げる | 引き上げる | 見上げる | 持ち上げる | |
| | 2 [完成する] | 編み上げる | 書き上げる | 育て上げる | 作り上げる | |
| つく | 1 [密着する] | 追いつく | かみつく | 飛びつく | 張りつく | 結びつく |
| | 2 [新しく] | 思いつく | 考えつく | | | |
| | 3 [完全に] | 凍りつく | 焦げつく | 焼けつく | | |
| つける | 1 [相手に] | (仕事を)言いつける | 投げつける | | | |
| | 2 [非常に・完全に] | 痛めつける | 押さえつける | 叱りつける | | |
| 合う | [互いに] | 愛し合う | 信じ合う | 助け合う | 話し合う | |
| 合わせる | 1 [一緒に] | 組み合わせる | 乗り合わせる | 待ち合わせる | | |
| | 2 [相手に] | 問い合わせる | | | | |
| 出す | 1 [外へ] | 切り出す | 連れ出す | 取り出す | 引き出す | 呼び出す |
| | 2 [新しく] | 生み出す | 思い出す | 考え出す | 作り出す | 見つけ出す |
| | 3 [開始する] | 動き出す | 売り出す | 泣き出す | 降り出す | |
| 込む | 1 [中へ] | 折り込む | 書き込む | 駆け込む | 飛び込む | |
| | 2 [非常に・完全に] | 打ち込む | 思い込む | 考え込む | 決め込む | 冷え込む |
| 切る | 1 [終わる] | 打ち切る | 締め切る | 読み切る | | |
| | 2 [非常に・完全に] | 押し切る | 困り切る | 張り切る | 冷え切る | |
| 入れる | 1 [外から内へ] | 受け入れる | 聞き入れる | 取り入れる | 乗り入れる | |
| | 2 [内から外へ] | 差し入れる | 申し入れる | | | |
| 返す | 1 [反対の方向へ] | 言い返す | 打ち返す | 取り返す | 投げ返す | 引き返す |
| | 2 [もう一度する] | 思い返す | 繰り返す | 掘り返す | 読み返す | |
| 止める | [止める] | 受け止める | くい止める | 消し止める | 呼び止める | |
| 消す | [消す] | 打ち消す | 取り消す | 吹き消す | | |
| 回る | [回る] | 歩き回る | 駆け回る | 聞き回る | 飛び回る | 逃げ回る |

## 練習問題 ①

◆ [　　] から適当な言葉を選んで(　　)に入れなさい。

(1) [ a 受け入れる　b 受け付ける　c 受け持つ ]
① 願書の締め切りは今日で、午後4時まで(　　)ことになっている。
② 会社が我々社員の要求を(　　)まで、ストライキを続けるつもりだ。
③ 彼は小学校の先生で、今年は1年生を(　　)ことになった。

(2) [ a 打ち消した　b 打ち切った　c 打ち込んだ ]
① 彼女は、来年結婚するといううわさを(　　)。
② 雪山での遭難者は1か月たっても発見できず、捜索を(　　)。
③ 学生時代は、勉強よりむしろサークル活動に(　　)。

(3) [ a 追いかけた　b 追い越した　c 追いついた ]
① お客さんが忘れ物をしたのに気がついて(　　)が、見失ってしまった。
② 前の車が遅かったので(　　)ら、対向車が来ていて衝突しそうになった。
③ 昨日のマラソン大会で、A選手は初めは遅れていたが、25キロメートル地点でトップ集団に(　　)。

(4) [ a 立ち寄った　b 立ち止まった　c 立ち去った ]
① 気分が悪くなった私を、病院まで連れて行ってくれた男の人は、名前も言わずに(　　)。
② 前を歩いていた人が急に(　　)ので、ぶつかりそうになった。
③ 待ち合わせの時間にはまだ早かったので、本屋に(　　)。

(5) [ a 取り上げた　b 取り消した　c 取り組んだ ]
① 彼はアメリカに留学して、遺伝子の研究に熱心に(　　)。
② 息子が全然勉強しないで漫画ばかり読んでいるので、(　　)。
③ 北海道に旅行に行く予定だったが、地震のニュースを聞いて予約を(　　)。

(6) [ a 引き留めて　b 引き受けて　c 引き返して ]
① 作家のA氏に講演を頼んだら、快く(　　)くれた。
② 山登りに行ったが、大雨が降り出したので、仕方なく(　　)きた。
③ 娘が家を出て独立したいというので(　　)みたが、結局出ていってしまった。

(7) [ a 見合わせた　b 見直した　c 見落とした ]
① 喫茶店で、隣の席の人が急にけんかを始めたので、思わず友達と顔を(　　)。
② 試験が終わるまで時間があったので、何度も答案を(　　)。
③ 登山の途中で標識を(　　)らしく、道に迷ってしまった。

(8) [ a 飛び回って　b 飛び上がって　c 飛びついて ]
① 大学の合格通知をもらった妹は、(　　)喜んだ。
② 久しぶりに実家へ帰ったら、かわいがっていた犬が(　　)きた。
③ 彼は貿易会社に就職して、海外を(　　)いる。

(9) [ a 思い出して　b 思いついて　c 思い込んで ]
① 公園を散歩している老夫婦を見ていたら、故郷の両親のことを(　　)会いたくなった。
② 会議は2時からだと(　　)いたので、遅刻してしまった。
③ 友達が言った一言から実験のいいアイディアを(　　)、さっそく試してみた。

(10) [ a 切り落として　b 切り出して　c 切り抜いて ]
① おもしろい新聞記事があったので、(　　)とっておいた。
② 庭の木が大きくなりすぎたので、枝を(　　)小さくした。
③ 彼は山から木を(　　)、町まで運ぶ仕事をしている。

(11) [ a 待ち構えて　b 待ちかねて　c 待ち望んで ]
① 有名スターが来日するので、空港には写真を撮ろうと報道陣が(　　)いた。
② 母は久しぶりに帰ってくる弟を(　　)、駅まで迎えに行った。
③ 両親は、私が早く結婚することを(　　)いる。

(12) [ a 聞き入って　b 聞き逃して　c 聞き流して ]
① 彼女のすばらしいピアノの演奏に、みんな(　　)いた。
② 上司の話は興味がなかったので、(　　)しまった。
③ 授業中、友達とちょっと話をしていたら、重要なところを(　　)しまった。

(13) [ a 言いそびれて　b 言いかけて　c 言い張って ]
① 彼は私に何か(　　)途中でやめてしまった。何が言いたかったのだろう。
② 仕事をやめたことを両親に話そうとしたが、結局(　　)しまった。
③ その男は、悪いのは自分ではないと(　　)、罪を認めようとしなかった。

## 練習問題 ②

◆次の言葉の使い方として最もよいものを、1・2・3・4から1つ選びなさい。

(1) 聞き入れる
1. 警察は犯人についての情報を集めるために、犯行現場の近所の人に聞き入れている。
2. 教科書の本文は、CDで繰り返し聞き入れたので、ほとんど覚えてしまった。
3. 社長は社員の要求を聞き入れて、賃金の引き上げに同意した。
4. 「詳しいことは分からないので、担当者から直接聞き入れてください。」

(2) 言い返す
1. 面接で質問されたときは、なるべく早く、はっきりと言い返したほうがいい。
2. 欠点を指摘されて腹が立ったが、事実なので一言も言い返せなかった。
3. 言葉の使い方が間違っていることに気がついて、もう一度言い返した。
4. 彼は私の悪口を、あちこちで言い返しているらしい。

(3) 押し切る
1. 「お休みの日に、おおぜいでお宅に押し切ってすみません。」
2. 彼女は両親の反対を押し切って、彼と結婚したそうだ。
3. スーパーで万引きした男を、みんなで押し切ってつかまえた。
4. あまり使わない食器は棚の奥に押し切ってあるので、取り出しにくい。

(4) 受け止める
1. 遊園地の経営者は今回の事故を重く受け止めて、安全対策を行った。
2. A市では国際交流事業として、毎年5名の留学生を受け止めている。
3. 後輩に結婚式のスピーチを頼まれたので、喜んで受け止めた。
4. 「宅配便で荷物を送ったので、受け止めたらすぐ連絡してください。」

(5) 飛び込む
1. 彼は商社に勤めていて、いつも世界中の国に飛び込んでいる。
2. 彼はよく考えないで、お金もうけの話にすぐ飛び込んでしまう。
3. 兄は第一希望の会社から採用通知を受け取って、飛び込んで喜んだ。
4. 営業の仕事は初めてだが、勇気を出して違う世界に飛び込んでみようと思う。

## 長文問題

◆ ▭ の中から適当な言葉を選び、必要なら形を変えて（　　）に入れなさい。同じ言葉は1回しか使いません。

Ⅰ
近年、日本のサブカルチャーが海外でも（①　　）いる。サブカルチャーというのは、伝統文化とは（②　　）新しい文化のことで、アニメ、漫画、ゲーム、ポップミュージック、ファッションなどを（③　　）。なぜ、日本のサブカルチャーが影響力を持つのかを（④　　）みると、海外のテレビ局による日本アニメの放送、インターネット、ゲームソフトの普及などを（⑤　　）ことができる。日本アニメの世界進出が盛んになって、子供たちの人気を（⑥　　）、動画サイトなどを通じて日本からサブカルチャー作品を数多く（⑦　　）ようになったというわけだ。ところで、サブカルチャーというと、日本ではみんなで一緒に（⑧　　）いる感じだが、フランスでは、アニメも漫画も個人の制作活動として「芸術の一つ」と（⑨　　）、「サブカルチャー」という形にはならないようだ。

| 挙げる | 集める | 異なる | 探る | 指す | 作り上げる |
| はやる | 見なす | 輸出する | | | |

Ⅱ
私は大学3年生である。大学卒業後の就職のことを考えて、夏休みにはインターンシップ制度を（①　　）、企業で就業体験をした。秋には就職セミナーに（②　　）、エントリーシートの書き方、筆記試験、面接試験などの説明を（③　　）ことになっている。私はどんな仕事に（④　　）いるのだろうか、世の中にはどんな企業やどんな仕事があるのだろうか、など疑問は（⑤　　）ないが、いろいろな情報を収集してみないと始まらない。まず、就職サイトに（⑥　　）、そこから企業の情報を（⑦　　）り、説明会に参加したりして実際に（⑧　　）いくうちに、やりたいことがはっきりしていくのではないかと思っている。

| 得る | 受ける | 行動する | 参加する | 尽きる | 登録する | 向く | 利用する |

## コラム

（　　）の中の適当な言葉を選んでください。

**キャンパス**

A：（① a 履修　b 学習）登録、もう済んだ？
B：まだなんだ。講義（② a 要項　b 要旨）だけじゃちょっとわからないこともあるから、日本語学校の（③ a 先輩　b 上司）に聞いてみようと思っているんだ。
A：そう。僕はもう済んだから、サークルの新入生（④ a 歓迎　b 勧誘）の説明会に行ってみるよ。そろそろサークルも決めたいから。
B：サークルか。僕は（⑤ a パートタイム　b アルバイト）があるから、サークルは無理だな。

　　　の中から適当な言葉を選び、（　　）に入れましょう。

**文学**

| エッセー　漫画　ベストセラー　活字離れ |
| ノンフィクション　アニメ　文学賞 |

A：作家のS氏の本が（①　　　　）になっていますね。
B：ああ、今年（②　　　　）をとった小説ですね。私はあまり小説を読まないんです。政治、経済、歴史などを扱った（③　　　　）が好きです。
A：そうですか。私は小説の他に、身近な題材を自由に書いた（④　　　　）もよく読みます。
B：ところで、最近、若い人たちの（⑤　　　　）が進んで、本を読んでいる人をあまり見かけませんね。（⑥　　　　）を読んでいる人は結構いますが。
A：そうですね。映画の分野でも（⑦　　　　）が人気のようですね。

# 2-1 名詞（人間について）

## a. 感覚、感情

| あこがれ | 怒（いか）り | 意識（いしき） | 印象（いんしょう） | 恨（うら）み | 片思（かたおも）い | 活気（かっき） | 勘（かん） | 感覚（かんかく） | 感（かん）じ |
|---|---|---|---|---|---|---|---|---|---|
| 機嫌（きげん） | 気心（きごころ） | 気性（きしょう） | 気立（きだ）て | 気分（きぶん） | 気味（きみ） | 郷愁（きょうしゅう） | 恐怖（きょうふ） | 苦痛（くつう） | 苦労（くろう） |
| 敬意（けいい） | 恋（こい） | 好意（こうい） | 心地（ここち） | 好（この）み | 根気（こんき） | 情緒（じょうちょ） | 情熱（じょうねつ） | 心情（しんじょう） | 心身（しんしん） |
| 好（す）き嫌（きら）い | 誠意（せいい） | 精神（せいしん） | 短気（たんき） | 直感（ちょっかん） | 同感（どうかん） | 情（なさ）け | 悩（なや）み | 憎（にく）しみ | 人情（にんじょう） |
| 反感（はんかん） | 不平（ふへい） | 不満（ふまん） | 真心（まごころ） | 良心（りょうしん） | | | | | |

## b. 思考

| アイディア | 当（あ）て | 意見（いけん） | 解決（かいけつ） | 概念（がいねん） | 関心（かんしん） | 感想（かんそう） | 興味（きょうみ） | 疑惑（ぎわく） |
|---|---|---|---|---|---|---|---|---|
| 工夫（くふう） | 決定（けってい） | 結論（けつろん） | 見解（けんかい） | 研究（けんきゅう） | 見地（けんち） | 見当（けんとう） | 好奇心（こうきしん） | 試（こころ）み |
| 思索（しさく） | 常識（じょうしき） | 調（しら）べ | 試（ため）し | 知恵（ちえ） | 知識（ちしき） | 知性（ちせい） | 納得（なっとく） | ねらい |
| 発想（はっそう） | 偏見（へんけん） | | 迷（まよ）い | 見込（みこ）み | 見通（みとお）し | 無知（むち） | 理性（りせい） | 理想（りそう） | 良識（りょうしき） |

## c. 自我、意志

| 意向（いこう） | 意志（いし） | 意地（いじ） | 意図（いと） | 意欲（いよく） | うぬぼれ | 覚悟（かくご） | 希望（きぼう） | 心（こころ）がけ | 心構（こころがま）え |
|---|---|---|---|---|---|---|---|---|---|
| 志（こころざし） | 自我（じが） | 自覚（じかく） | 自信（じしん） | 自尊（じそん） | 下心（したごころ） | 主張（しゅちょう） | 善意（ぜんい） | 態度（たいど） | 待望（たいぼう） |
| 内心（ないしん） | 願（ねが）い | 熱意（ねつい） | 念願（ねんがん） | 望（のぞ）み | 誇（ほこ）り | 本心（ほんしん） | 本音（ほんね） | 夢中（むちゅう） | 勇気（ゆうき） |

## d. 言語活動、論理

| あらすじ | 噂（うわさ） | おしゃべり | お世辞（せじ） | 音信（おんしん） | 頭文字（かしらもじ） | 愚痴（ぐち） | 趣旨（しゅし） | |
|---|---|---|---|---|---|---|---|---|
| つじつま | 問（と）い合（あ）わせ | 話（はな）し合（あ）い | 一言（ひとこと） | 皮肉（ひにく） | 批判（ひはん） | 評価（ひょうか） | 評判（ひょうばん） | 文章（ぶんしょう） |
| 文脈（ぶんみゃく） | 翻訳（ほんやく） | 前置（まえお）き | 申（もう）し出（で） | 要旨（ようし） | 理屈（りくつ） | 論理（ろんり） | 詫（わ）び | |

# 練習問題 ①

◆[　　]から適当な言葉を選んで(　　)に入れなさい。

## a. 感覚、感情

(1) [ a 意識　b 精神　c 心身 ]
① (　　)ともに健康でなければ、いい仕事はできない。
② 健全な(　　)は健全な肉体に宿ると言われる。
③ お酒を飲みすぎて、(　　)を失ってしまった。

(2) [ a 活気　b 短気　c 根気 ]
① あの商店街は、いつ行っても人が多く、(　　)がある。
② 最近の子供は何をやっても長続きせず、(　　)がないと言われる。
③ あの人は正義感が強くていい人なのだが、ちょっと(　　)だ。

(3) [ a 感覚　b 同感　c 直感 ]
① その点に関しては、あなたの意見に(　　)だ。
② 迷ったときは、(　　)を信じることにしている。
③ あの人は美に対する(　　)が鋭い。

(4) [ a 気味　b 印象　c 勘 ]
① 誰もいないビルの中を歩くのは、何だか(　　)が悪い。
② 日本へ来て初めて見た雪景色は、今でも(　　)に残っている。
③ あの人は(　　)がいいから、クイズに強い。ちょっとヒントを出しただけでもすぐわかる。

(5) [ a 気立て　b 気性　c 気心 ]
① 仕事でも遊びでも、(　　)が知れている人と一緒にやるのは楽しい。
② あの人は気に入らないことがあると、すぐどなる。(　　)が激しい人だ。
③ 彼女は誰に対しても優しくて、本当に(　　)がいい。

(6) [ a 情熱　b 心情　c 情緒 ]
① 恋人を亡くしたあの人の(　　)を考えると、私の結婚のことは言い出せない。
② 父は退職後、ボランティア活動に(　　)を燃やしている。
③ 最近、(　　)不安定な子供が増えている。

## ヒント

(1) 意識：〜が戻る
(5) 気立て：よい場合に使う。〜がいい
　　気性：強い性格を表すときに使う。〜が激しい／強い／荒い　　気心：〜が知れる
(6) 情緒：怒り、悲しみ、喜びなどの感情。〜が安定している

(7) [ a 心地　b 機嫌　c 気分 ]
① 試験のことが気になって、遊びに行く(　　　)になれない。
② アメリカからの帰り、飛行機がひどく揺れて、生きた(　　　)がしなかった。
③ 彼は嫌なことがあったらしく、今日は(　　　)が悪くて口をきいてくれない。

(8) [ a 苦労　b 悩み　c 苦痛 ]
① 医者は、患者の命を延ばすだけでなく(　　　)を和らげることにも努力してほしい。
② 若いうちの(　　　)は、買ってでもするものだと言われる。
③ 親しい友人に(　　　)を打ち明けたら、気が楽になった。

(9) [ a 不満　b 不平　c 怒り ]
① 今回の人事異動に(　　　)を持った社員もいるようだ。
② あの人は自分では何もしないのに、いつも(　　　)ばかり言っている。
③ 障害者に対する不平等な扱いには(　　　)を感じる。

(10) [ a 人情　b 郷愁　c 情け ]
① 旅行先で財布をなくして困っていたところを、見ず知らずの人に助けてもらって、人の(　　　)を知った。
② 都会では薄れているが、田舎に行くとまだ(　　　)が残っている。
③ 子供の頃の写真を見ていると、ふるさとへの(　　　)を覚える。

(11) [ a 好み　b 好意　c 好き嫌い ]
① 子供の頃、「(　　　)をせず何でも食べなさい。」とよく言われたものだ。
② あのレストランの味は私の(　　　)に合わない。
③ 体の具合が悪いので、同僚の(　　　)に甘えて仕事を代わってもらった。

---

**ヒント**

(7) **心地**：何かをしたときの心の状態。乗り／座り〜
　　**機嫌**：楽しい、楽しくないという心の状態。〜がいい　〜を取る　〜を直す
　　**気分**：快、不快などの心の状態。〜がいい　〜が優れない　〜が乗らない
(9) **不満**：〜を感じる　〜を抱く　〜が残る　〜に思う　　**不平**：〜を言う
(10) **人情**：人間の心の温かさ。　　**情け**：困っている人に対する同情心。

(12) [ a 憎しみ　　b 反感　　c 恨み ]
① 罪のない市民や子供たちを犠牲にする戦争に(　　　)を感じる。
② 生徒は、いじめがあっても何もしようとしない教師に(　　　)を抱いた。
③ 妹のケーキを食べてしまったら、毎日のように責められる。食べ物の(　　　)は恐ろしい。

(13) [ a あこがれ　　b 片思い　　c 敬意 ]
① 私が好きなAさんはBさんに夢中だ。(　　　)ほどつらいものはない。
② ワールドカップで活躍したN選手は、少年たちの(　　　)の的だ。
③ お年寄りに(　　　)を払わない若者が増えている。

(14) [ a 良心　　b 真心　　c 誠意 ]
① 人の物をとるなんて(　　　)が痛まないのだろうか。
② 入院したとき、友人から(　　　)のこもった手紙をもらって涙が出た。
③ デパートで商品を取り替えてもらったとき、とても(　　　)のある対応をしてくれた。

## b．思考

(1) [ a 理性　　b 知性　　c 知恵 ]
① 彼女は美しい上に(　　　)豊かな女性だ。
② 皆で(　　　)をしぼって考えたので、よい解決方法が見つかった。
③ 彼はいつも冷静で(　　　)的に物事を考える人だ。

(2) [ a 知識　　b 良識　　c 常識 ]
① 人に何かしてもらったら、お礼を言うのが(　　　)だ。
② 彼は鉄道に関する(　　　)が豊富だ。
③「卒業生の皆さん、これからは社会人として、(　　　)のある人になってください。」

### ヒント

(12) 憎しみ：激しく嫌うこと。～が増す　～の炎を燃やす
　　 反感：人に対する反抗の気持ち。～を抱く　～を買う
　　 恨み：相手の行為に強く不満を感じること。～を抱く　～を買う
(14) 誠意：～がある／ない　～を示す

(2) 常識：普通の人が当然持っている知識や物事を考える力。「良識」は常識よりも優れたものをいう。

(3) [ a 工夫　b 発想　c アイディア ]
① 似たような意見が多いが、もっと個性的な（　　　）をしてほしい。
②「新しい住まいに関するいろいろな（　　　）を募集しています。」
③ この家は快適に生活できる（　　　）がされている。

(4) [ a 迷い　b 偏見　c 疑惑 ]
① この地方の人の中には、外国人に対して（　　　）を持っている人がまだいる。
② 彼はわいろを受け取ったのではないかという（　　　）を持たれている。
③ 最近、自分の進路に対する（　　　）が生じている。

(5) [ a 好奇心　b 興味　c 関心 ]
① 最近、環境問題に人々の（　　　）が集まっている。
② この論文を読むと若者の考え方がよくわかり、（　　　）深い。
③ 子供は（　　　）が強く、いろいろな質問をする。

(6) [ a 見込み　b 当て　c 見通し ]
① この程度の売り上げでは事業が成功する（　　　）はない。
② もう大人なのだから、親のお金を（　　　）にしてはいけない。
③ このままではローン返済の（　　　）が立たない。

(7) [ a 感想　b 意見　c 見解 ]
① 政府は景気回復に関する（　　　）を発表した。
②「この案に反対の方は（　　　）を述べてください。」
③「この小説を読んで（　　　）を書いてください。」

### ヒント

(3) **発想**：頭に浮かんできた考え。～が古い　～の転換　すばらしい～をする
　　**アイディア**：よい思いつき、考え。～を出す　～が浮かぶ　グッド～

(5) **好奇心**：未知のことをもっと知りたい気持ち。～旺盛な人
　　**興味**：対象に感情的に引きつけられる気持ち。～を持つ　～がある　～をそそられる
　　**関心**：対象に理性的に向けられる気持ち。～を持つ　～がある　今回の選挙は世間の～が高い

(6) **見込み**：治る～がない　来年3月卒業の～
　　**当て**：将来に希望をもった推測。～がある／外れる　ボーナスを～にする
　　**見通し**：～がつく／立つ　～が明るい

(8) [ a 試み  b 試し  c 調べ ]
① 彼の勇気ある(　　)は失敗に終わった。
② 新しいプリンターを買ったので、(　　)に写真を印刷してみた。
③ 犯人は何も証拠を残さなかったので、警察の(　　)は進んでいない。

(9) [ a ねらい  b 見地  c 見当 ]
① 中村氏の広い(　　)からの意見はとても参考になる。
② 問題の解決にいったいどれほどの時間と金がかかるか、(　　)もつかない。
③ そのテレビ番組には、制作者の(　　)通り多くの反響があった。

### c．自我、意志

(1) [ a 自尊  b うぬぼれ  c 自我 ]
① 子供は2、3歳になると、(　　)が芽生えるものだ。
② 私は自信作を酷評されて、(　　)心を傷つけられた。
③ 彼は(　　)が強く、自分が一番優秀だと思っている。

(2) [ a 意向  b 意図  c 意志 ]
① 人事を決める前に、まず本人の(　　)を聞くべきだ。
② なぜそんなことを言ったのか、彼の(　　)がわからない。
③ 彼は(　　)が強く、何事も最後までやり通す。

**ヒント**

(8)試み：画期的な／危険な〜　　試し：新製品が出たので、〜に買ってみる
(9)ねらい：目標とする対象。これが授業の〜だ　〜を定める　〜通り
　　見当：将来を大まかに推測すること。〜がつく／外れる　〜違い

(2)意向：何かをしようという考え。彼の〜に沿うように努力する
　　意志：何かをしようとする積極的で強い考え。〜が固い

(3) [ a 希望　b 望み　c 待望 ]
① 主力選手がけがで出場できないので、Aチームは優勝の(　　　)がない。
② 留学生は、みんな(　　　)に燃えて日本へやって来る。
③ 山田夫妻に(　　　)の赤ちゃんが誕生した。

(4) [ a 下心　b 内心　c 本音 ]
① 忙しくて行けないというのは建て前で、(　　　)は行きたくないのだ。
② 彼女は顔では笑っているが、(　　　)はどう思っているかわからない。
③ あの人が親切にしてくれるのは、何か(　　　)があるからだ。

(5) [ a 意欲　b 意地　c 熱意 ]
① 知っているのに教えてくれないなんて、彼は(　　　)が悪い。
② 交通事故で息子を亡くし、生きる(　　　)を失った。
③ 彼の仕事に対する(　　　)には本当に感心させられる。

(6) [ a 自覚　b 心がけ　c 態度 ]
① 無断で欠勤するなんて、サラリーマンとしての(　　　)が足りない。
② 彼は授業中の(　　　)が悪いので、いつも先生に注意されている。
③ 試合の日の朝になって雨がやんだのは、みんなの普段からの(　　　)がいいからだ。

(7) [ a 誇り　b 自信　c 勇気 ]
① メダルは取れなかったが、国際大会に出場できたことを(　　　)に思っている。
② みんなが黙っていたので、(　　　)を出して意見を言った。
③ 私は彼女を幸せにする(　　　)がある。

**ヒント**

(3) **希望**：～がかなう　～に燃える　進学／就職～
　　　**望み**：～がかなう　「望みがある」は可能性があること。
(4) **内心**：外からは見えない心の内。～を打ち明ける
　　　**本音**：本当に心に持っている考え。～を隠す　～が出る　⇔建て前：外に表す考え
(5) **意欲**：市長選出馬への～を見せる　～に燃える　創作～　　**熱意**：人々の～が政治を動かした

(8) [ a 願い　b 夢中　c 念願 ]
① ようやく（　　）のマイホームを建てることができた。
② うちのおじいちゃんは、孫の（　　）を何でも聞いてしまう。
③ 息子はゲームに（　　）で、勉強のことなど頭にないようだ。

### d. 言語活動、論理

(1) [ a つじつま　b 論理　c 理屈 ]
① 警官に追求されると、彼の言うことはだんだん（　　）が合わなくなってきた。
② 弟は（　　）ばかり言って全然行動しない。
③ 彼の話は（　　）的でわかりやすい。

(2) [ a 要旨　b 趣旨　c あらすじ ]
① 物語の（　　）を聞いて、ぜひ読みたくなった。
② 彼の提案の（　　）はわかったが、もう少し詳しい説明がほしい。
③ 論文には400字以内でまとめた（　　）をつけることになっている。

(3) [ a 批判　b 評判　c 評価 ]
① 駅前に新しいパン屋ができたが、とてもおいしいという（　　）だ。
② 彼の作品は専門家の間で（　　）が高い。
③ 政府の保険制度改革に対し（　　）が集まっている。

(4) [ a 愚痴　b 皮肉　c 噂 ]
① 部長の（　　）たっぷりの話し方に腹が立った。
② 有名タレント同士の結婚が人々の（　　）になっている。
③ 母はどんなに嫌なことがあっても（　　）を言ったことがない。

### ヒント

(8) **念願**：長い間願っていること。〜の海外留学　　**夢中**：ドラマに〜になる

(2) **趣旨**：文章や話などで言おうとしている事柄。
(3) **批判**：欠点や過ちについての否定的な判断。〜的見方
　　**評判**：世間の人々の評価。〜がいい／悪い／高い　〜になる
　　**評価**：価値判断。肯定的判断に使われることが多い。業績の〜

## 練習問題 ②

◆次の言葉の使い方として最もよいものを、1・2・3・4から1つ選びなさい。

**(1) 心構え**
1. 彼は日頃の心構えがいいから、今度の仕事もきっとうまくいくだろう。
2. 未経験の仕事を始めるには、どんな困難にも立ち向かう心構えが必要だ。
3. 彼が何を考えているのか、まったく心構えがつかめない。
4. 彼は心構えが強く、間違いを指摘されても、改めようとしない。

**(2) 音信**
1. 母にメールでなく、久しぶりに音信を書いた。
2. 長い間会っていない友人の音信を雑誌で知った。
3. 講義の件で、先生からクラスメートへの音信を頼まれた。
4. 学生時代の親友からの音信が、ここ数年途絶えている。

**(3) 翻訳**
1. 鈴木さんはイギリスに留学した経験を生かして、同時翻訳の仕事をしている。
2. 古典文学は現代語翻訳がないと、完全には理解できない。
3. 英文で読まなくてはならないと思っていた研究書の翻訳が、近々出版されるらしい。
4. 彼の書く物は江戸時代末期の書物からの翻訳が多い。

**(4) 善意**
1. このボランティア活動は多くの人の善意に支えられている。
2. 私は彼に善意を抱いているが、彼は気づいていないようだ。
3. 彼の善意のない一言が彼女の心を傷つけた。
4. 田中さんは誠実で仕事がよくできるので、上司や同僚から善意を得ている。

**(5) 前置き**
1. 今度出版する本の前置きを友人に書いてもらう。
2. 彼の話は前置きが長くて、なかなか本題に入らない。
3. この小説は前置きからおもしろくて、一気に読んでしまった。
4. この曲は古いオペラの前置きとして演奏されていた。

## コラム

(　　)の中の適当な言葉を選んでください。

**国際関係**

A：最近、(① a グローバル化　b サミット化)という言葉がよく使われますね。
B：それは地球(② a 範囲　b 規模)ということですね。私はよくインターネットを利用しますが、それで各国の情報が得られるのも(③ a 技術網　b 通信網)が1つの国だけでなくて、世界中に広がっているからですよね。
A：企業においても、海外に目を向け、世界中に(④ a 投資　b 貯金)するようになりましたね。その結果、経済的に(⑤ a 発達　b 発展)する地域もありますが、一方で、貧富の(⑥ a 格差　b 距離)も広がっているようです。

(　　)の中の適当な言葉を選んでください。

**経済**

A：最近、企業の(① a 破壊　b 倒産)や(② a 引退　b 失業)のニュースが多いですよね。
B：そうですね。日本企業の特徴だった(③ a 年功序列　b 実力主義)が崩れて、中高年の(④ a フリーター　b リストラ)が問題になっていますね。
A：定年まで1つの会社で働くという(⑤ a 終身雇用　b 永久就職)から離れて、自分から退職して(⑥ a 外資系企業　b ベンチャー企業)を起こす人もいますよ。

(　　)の中の適当な言葉を選んでください。

**教育**

A：高田君、大学(① a 試験　b 受験)に失敗したらしいね。
B：えー、高田君が？(② a 模擬　b モデル)試験ではいつもいい点だったのになあ。(③ a 成績　b 偏差値)も高かったんだよ。じゃあ、今年は(④ a 浪人　b 留年)するのかなあ。
A：うん、でも(⑤ a 進学校　b 予備校)には行かないで、自分で勉強するらしいよ。
B：そう。でも彼なら大丈夫だよ。意志が強いから。

# 2.2 名詞（抽象的な物事）

## a. 人や物の状態、特徴

| | | | | | | | | |
|---|---|---|---|---|---|---|---|---|
| 有様（ありさま） | 趣（おもむき） | 外観（がいかん） | 格（かく） | 格好（かっこう） | 機構（きこう） | 気品（きひん） | 具合（ぐあい） | 傾向（けいこう） |
| 欠陥（けっかん） | 気配（けはい） | 構造（こうぞう） | 事情（じじょう） | 姿勢（しせい） | 事態（じたい） | 質（しつ） | 弱点（じゃくてん） | 状況（じょうきょう） |
| 症状（しょうじょう） | 正味（しょうみ） | 人格（じんかく） | 真相（しんそう） | 姿（すがた） | 組織（そしき） | 短所（たんしょ） | 秩序（ちつじょ） | 調子（ちょうし） |
| 調和（ちょうわ） | 都合（つごう） | 体裁（ていさい） | 特徴（とくちょう） | 内容（ないよう） | 中身（なかみ） | ニュアンス | バランス | 人柄（ひとがら） |
| 品（ひん） | 雰囲気（ふんいき） | 見かけ（みかけ） | 様子（ようす） | | | | | |

## b. 関係

| | | | | | | | | |
|---|---|---|---|---|---|---|---|---|
| 間柄（あいだがら） | あべこべ | 生きがい（いきがい） | 裏表（うらおもて） | 縁（えん） | 効き目（ききめ） | 効果（こうか） | 口実（こうじつ） | 根拠（こんきょ） |
| さかさま | 手段（しゅだん） | 条件（じょうけん） | 証拠（しょうこ） | 成果（せいか） | 前提（ぜんてい） | 結びつき（むすびつき） | めど | 目的（もくてき） |
| 目標（もくひょう） | 要因（よういん） | | | | | | | |

## c. 時

| | | | | | | | | |
|---|---|---|---|---|---|---|---|---|
| 明け方（あけがた） | 期間（きかん） | 危機（きき） | 期限（きげん） | きっかけ | 契機（けいき） | 盛り（さかり） | 終日（しゅうじつ） | 生涯（しょうがい） |
| スケジュール | 前途（ぜんと） | 立場（たちば） | チャンス | 同期（どうき） | 途上（とじょう） | 途中（とちゅう） | 日程（にってい） | 場合（ばあい） |
| 場面（ばめん） | 日頃（ひごろ） | 日付（ひづけ） | 普段（ふだん） | 平常（へいじょう） | 夕暮れ（ゆうぐれ） | | | |

## d. 場所、範囲

| | | | | | | | | | |
|---|---|---|---|---|---|---|---|---|---|
| 辺り（あたり） | 沿線（えんせん） | 陰（かげ） | 傍ら（かたわら） | 境（さかい） | 重点（じゅうてん） | 周辺（しゅうへん） | 焦点（しょうてん） | 側面（そくめん） | 頂点（ちょうてん） |
| 端（はし） | 範囲（はんい） | 表面（ひょうめん） | 縁（ふち） | 分野（ぶんや） | 方向（ほうこう） | 方面（ほうめん） | 盲点（もうてん） | 行方（ゆくえ） | 領域（りょういき） |

## e. 量、程度

| | | | | | | | | |
|---|---|---|---|---|---|---|---|---|
| 圧力（あつりょく） | 格差（かくさ） | 確率（かくりつ） | 過半数（かはんすう） | 基準（きじゅん） | 規模（きぼ） | 極限（きょくげん） | 限度（げんど） | 効率（こうりつ） |
| 誤差（ごさ） | 際限（さいげん） | 進度（しんど） | 水準（すいじゅん） | テンポ | 能率（のうりつ） | 能力（のうりょく） | 比重（ひじゅう） | 拍子（ひょうし） |
| 標準（ひょうじゅん） | プラス | マイナス | マグニチュード | 密度（みつど） | ゆとり | 余地（よち） | 余分（よぶん） | 余裕（よゆう） |
| リズム | 労力（ろうりょく） | 割合（わりあい） | | | | | | |

## 練習問題 ①

◆[　　　] から適当な言葉を選んで(　　) に入れなさい。

### a. 人や物の状態、特徴

(1) [ a 状況　　b 様子　　c 有様 ]
　① 彼は事業に失敗して、苦しい(　　)に置かれている。
　② 朝から彼の(　　)がおかしい。何かあったに違いない。
　③ 何という(　　)だ。地震で町全体が破壊されてしまった。

(2) [ a 気配　　b 雰囲気　　c 趣 ]
　① 8月も末になると、風や空の色に秋の(　　)が感じられる。
　② このパーティーは若い女性が多くて、華やかな(　　)だ。
　③ 雪が積もった冬の京都の寺は、何とも言えない(　　)がある。

(3) [ a 都合　　b 調子　　c 具合 ]
　① 試合前なので、体の(　　)を整えておかなければならない。
　② 「次の日曜日は(　　)が悪いので、行けません。」
　③ 今日は会社をずる休みしたら、街で同僚と出会って、(　　)の悪い思いをした。

(4) [ a 見かけ　　b 体裁　　c 外観 ]
　① あのビルは(　　)は古びているが、中はとても立派だ。
　② 田中さんは(　　)は怖そうだが、本当はとても優しい人だ。
　③ あの人は昔から、とても(　　)を重んじる人だ。

(5) [ a 正味　　b 内容　　c 中身 ]
　① 彼の作文は(　　)はいいが、文法の間違いが多い。
　② 「このきれいな箱の(　　)を当ててください。」
　③ 箱は大きいが、中には(　　)500グラムのハムが入っているだけだ。

### ヒント

(1) 状況：移り変わっていく様子。～判断を誤る　～報告
　　有様：実際に見て言う場合に使うことが多い。何という惨めな～だ　この～は何だ
(2) 気配：ドアの向こうに人の～を感じる／がする　　雰囲気：家庭的な／和やかな～　大人の～
(3) 都合：自分の～ばかり考えている　　調子：体／機械の～を整える
　　具合：「具合が悪い」は健康や機械だけでなく、体面の意味でも使われる。
(4) 体裁：～を気にする　～がいい／悪い
　　外観：建物などを外から見た様子。小さい物や人については「見かけ」が使われる。

(6) [ a 格　b 品　c 質 ]
　① 100年以上続いているあの店は、周りの店とは(　　)が違う。
　② 小林さんのお母さんはいつももの静かで(　　)がいい人だ。
　③ この紙は(　　)がいいので、きれいに印刷できる。

(7) [ a 秩序　b バランス　c 調和 ]
　① この時代は政治の混乱が続いて、社会の(　　)が乱れていた。
　② これからは人と自然の(　　)を考えなければならない。
　③ 栄養の(　　)を考えて、食事を作っている。

(8) [ a 構造　b 組織　c 機構 ]
　① 彼は車のエンジンの(　　)に詳しい。
　② 会社という(　　)の中での人間関係は難しいものだ。
　③ 最近、人員削減のために役所でも(　　)改革が進められている。

(9) [ a 欠陥　b 短所　c 弱点 ]
　① A社の自動車はエンジンに(　　)があることがわかった。
　② 彼に勝つためには、彼の(　　)を突くことだ。
　③ 彼は優秀だが、すぐ怒るのが(　　)だ。

(10) [ a 姿　b 姿勢　c 格好 ]
　① 子供会のパーティーでサンタクロースの(　　)をしてプレゼントを配った。
　② 京子さんがずっと欠席なので心配していたが、元気な(　　)を見て安心した。
　③ 彼女は小さいとき(　　)が悪くて、よく注意された。

## ヒント

(7) **バランス**：2つ以上のものの間で、その重要さなどが同程度であること。収支の〜を保つ　〜のとれた体　**調和**：2つ以上のものがうまく1つにまとまっていること。周囲の景観と〜した建物　〜のとれた町並み

(8) **機構**：官庁や団体など、活動単位としての組織を指す。

(9) **欠陥**：物に使うことが多い。〜住宅／車／工事
　　**短所**：人の性格に使うことが多い。飽きっぽいのが彼の〜だ　〜を改める
　　**弱点**：〜を克服する　相手の〜を突く　〜をさらけ出す

(11) [ a 人格　b 気品　c 人柄 ]
① 彼は(　　)はいいのだが、少し気の弱いところがある。
② 彼女は高い能力と優れた(　　)の持ち主として尊敬されている。
③ 彼女の(　　)のある話し方や態度に皆うっとりした。

## b. 関係

(1) [ a 縁　b 結びつき　c 間柄 ]
① 彼とは「俺」、「おまえ」と呼び合う親しい(　　)だ。
② 政治家A氏は以前から財界との(　　)が強いと言われている。
③ あの人と再会できたのは、不思議な(　　)があったからだろう。

(2) [ a 効果　b 効き目　c 成果 ]
① だらしない息子には、何を言っても(　　)がない。
② 高い防波堤を造ったが、大津波には(　　)がなかった。
③ 田中教授は今回の遺跡の発掘調査で、すばらしい(　　)をおさめた。

(3) [ a 証拠　b 根拠　c 口実 ]
① 彼の主張には十分な(　　)がないから、納得できない。
② 犯人は彼に違いないが、(　　)がないので逮捕できない。
③ 弟は試験があることを(　　)に、家の手伝いを何もしない。

(4) [ a 目的　b めど　c 目標 ]
① 佐藤君は水泳の世界大会への出場を(　　)に頑張っている。
② 私が日本へ来た(　　)は歌舞伎や能などの伝統芸能を学ぶためである。
③ 重役の承認を得て、ようやく新工場建設の(　　)がついた。

### ヒント

(11) **人格**：優れた〜の持ち主　〜者　　**人柄**：彼の〜に惹かれる　誠実な〜　〜を保証する

(2) **効果**：〜が出る／ある　〜的な練習方法　舞台／音響〜
　**効き目**：主に心身に関わることに使う。〜がある
(4) **めど**：建設の〜が立つ／つく　　**目標**：売り上げが〜に達する

(5) [ a 条件　　b 要因　　c 前提 ]
① 5年以内に返すことを(　　　)に、父からお金を借りた。
② 友達に紹介された渡辺さんと、結婚を(　　　)につきあっている。
③ 最近の異常気象の(　　　)の1つは火山の爆発だと言われている。

(6) [ a あべこべ　　b さかさま　　c 裏表 ]
① 子供はよく、靴を左右(　　　)にはいてしまう。
② この写真は上下が(　　　)になっている。
③ 内田氏は(　　　)のない、正直な人だ。

## c. 時　d. 場所、範囲

(1) [ a 契機　　b 危機　　c チャンス ]
① 彼は就職を(　　　)に、生活スタイルをがらりと変えた。
② 彼女は一生懸命勉強して、留学の(　　　)をつかんだ。
③ A国は、ようやく経済(　　　)を脱したようだ。

(2) [ a 日頃　　b 平常　　c 終日 ]
① 久しぶりに会った友達と、(　　　)考えていることを語り合った。
②「当店は正月三が日も(　　　)通り営業いたします。」
③ 深夜に大雪が降ったため、電車のダイヤは(　　　)乱れていた。

(3) [ a 途上　　b 前途　　c 途中 ]
① 就職が決まった学生に、先生は「君の(　　　)は明るいよ。」と言って励ました。
② B国の経済は発展の(　　　)にある。
③ 友達と話をしている(　　　)で、急に用事を思い出した。

### ヒント

(5) **条件**：約束や契約などで使うことが多い。～がいい仕事を探す　～を満たす　2年後の返済を～に金を貸す

(6) **あべこべ**：左右、男女などの関係が逆になること
　　**さかさま**：上下など、主に縦方向に反対になること。

(2) **平常**：電車は～ダイヤで運行されている
(3) **途中**：物事が始まってから終わるまでの間のある時点。ある方向や目的に向かう場合は「**途上**」。

(4) [ a 重点　b 盲点　c 焦点 ]
① あの事件は法律の(　　)を突いた犯罪だった。
②「君のスピーチは、(　　)をしぼったほうが言いたいことが伝わるよ。」
③ 来年度の予算は福祉に(　　)を置いて組まれている。

(5) [ a 分野　b 領域　c 範囲 ]
①「試験の(　　)は、17課までです。」
② 他の大学との交流が進んで、研究の(　　)が広がった。
③ この賞はスポーツの(　　)で活躍した人に与えられる。

(6) [ a 方面　b 方向　c 行方 ]
① 道を間違えて、駅とは反対の(　　)に歩いてしまったようだ。
② 会社が倒産した後、社長の(　　)が分からない。
③「池袋(　　)においでの方は、次の駅でお乗り換えください。」

(7) [ a 縁　b 隅　c 端 ]
① うちの息子は初めて幼稚園に行った日、部屋の(　　)で恥ずかしそうにしていた。
② 狭い道で、向こうから車が来たので、道の(　　)に寄った。
③ 茶碗を落として(　　)を欠いてしまった。

(8) [ a 周辺　b 辺り　c 傍ら ]
① スミスさんはテレビを見るときも、(　　)に辞書を置いている。
② 大都市(　　)の農地はほとんど住宅地に変わってしまった。
③ 財布を落としたのは、この(　　)だ。

(9) [ a 場面　b 場合　c 立場 ]
① 自分のことばかり考えずに、相手の(　　)に立って考えることも必要だ。
② 映画を見ていて、感動的な再会の(　　)で泣いてしまった。
③「このツアーは、申し込み者が10名以下の(　　)は中止になります。」

> **ヒント**
> (5) 領域：関係のある範囲。「分野」は人が活動する場としての専門の範囲。
> (6) 方向：向かっている方。「方面」はここでは向かっている場所。
> (8) 周辺：ある地域を取り囲む周りの地域。皇居〜の警備
> 　　辺り：ある場所を中心にそこに近い場所。この〜はまだ農地が多い

### e．量、程度

(1) [ a 確率　　b 能率　　c 効率 ]
① 私は音楽を聞きながら勉強すると、(　　　)が上がる。
② このストーブは、燃焼の(　　　)がいいので、灯油代がかからない。
③ 彼が試験に合格する(　　　)は、きわめて低い。

(2) [ a 余裕　　b 余分　　c 余地 ]
① この議題については、これ以上話し合う(　　　)がない。
② 時間に(　　　)があるから、ゆっくり歩いていこう。
③ 出席者の人数がはっきりしないので、資料を(　　　)にコピーした。

(3) [ a 基準　　b 標準　　c 水準 ]
① この貯蓄計画は夫婦と子供2人の(　　　)的家庭をモデルに作られている。
② 社会福祉の面では、北欧に比べると日本はまだ(　　　)が低い。
③ 工場からの廃水に対して、厳しい(　　　)が定められている。

(4) [ a 拍子　　b リズム　　c テンポ ]
① この曲は(　　　)が速いので歌いにくい。
② 毎日夜更かししていたら、生活の(　　　)が狂ってしまった。
③ お年寄りがみんな、手で(　　　)をとって、楽しそうに歌っている。

(5) [ a 際限　　b 限度　　c 極限 ]
① 恐怖が(　　　)に達したときは、声を出すことさえできない。
② 人間の欲望には(　　　)がない。
③ 山本課長の部下に対する態度は、我慢するにも(　　　)がある。

### ヒント

(1) **能率**：一定の時間内にできる仕事の割合。～を上げる　　**効率**：一定のエネルギー量によってできる仕事の割合。機械に使うことが多い。～を高める　～がいい

(2) **余裕**：生活／時間に～がある　　**余地**：まだ議論の～がある　弁解の～がない

(3) **基準**：物事の評価や判断のもとになるもの。10年前の物価を～にする　～値を上回る濃度
**標準**：最も平均的、代表的なもの。～的家庭／収入

(4) **拍子**：音楽で使う言葉。「拍子をとる」は音楽に合わせて手や足で調子をとること。
**リズム**：音楽で使う言葉。「生活のリズム」は規則的な生活習慣のこと。

(5) **際限**：それ以上超えられないという限界。「際限がある」という言い方はしない。
**限度**：許容できる最大の範囲。～がある／ない　クレジットカードの使用～額

(6) [ a 圧力　　b 労力　　c 能力 ]
① 父は何も言わなかったが、私は無言の(　　　)を感じた。
② この学校では(　　　)に応じたクラス分けを行っている。
③ (　　　)を惜しんでいてはいい仕事ができない。

## コラム

　　　の中から適当な言葉を選び、(　　　)に入れましょう。

**情報**

| ホームページ　　メール　　デジタル　　サービス |
| インターネット　　コミュニケーション　　リアルタイム |

A：パソコンやスマートフォンなどを使って、(①　　　)で買い物も切符の予約もできるんですから、便利になりましたね。
B：そうですね。今、世界各地で起こっていることを(②　　　)で見ることができるし、様々な情報(③　　　)が充実してきましたね。
A：私は手紙を書かなくなって、ほとんど(④　　　)で送ります。パソコンや携帯電話などの普及によって、友達との(⑤　　　)の方法が変わりましたね。
B：私は今度、家族の写真を撮って、それを編集して(⑥　　　)を作りたいと思っているんです。
A：いいですね。きっと遠くにいらっしゃるご両親も喜ばれますよ。
B：ええ。早速、いろいろな機能が付いた最新の(⑦　　　)カメラを買おうと思っています。

## 練習問題 ②

◆次の言葉の使い方として最もよいものを、1・2・3・4から1つ選びなさい。

(1) 傾向
1．ライバルである2人の関係の傾向に注意を払う。
2．この坂は傾向が急なので、上るのが大変だ。
3．最近の入試における出題の傾向を調べる。
4．このイベントには、みんなが驚くようなおもしろい傾向が準備されている。

(2) 事情
1．学生時代の友人に、手紙で、最近の事情を知らせる。
2．あの会社は何をやっているのか、事情が明らかでない。
3．最近の子供はあまり外で遊ばないという事情がみられる。
4．建設が中止になった事情を関係者に説明する。

(3) 格差
1．最近、正社員とパートとの給料の格差が広がっている。
2．双子でも性格の格差があることが多い。
3．あの旅館は伝統があり、他の旅館とは格差が違う。
4．この間の試合は、わずか1点の格差で敗れた。

(4) 規模
1．買おうと思っている車の規模を調べる。
2．不景気のため、工事の規模を縮小することになった。
3．最近、家を新築する場合、耐震性の規模が厳しくなっている。
4．機内に持ち込める荷物の規模に制限がある。

(5) ゆとり
1．遅れないように、時間にゆとりをもって家を出た。
2．すべてあなたが悪いのだから、弁解のゆとりはない。
3．このコンサートは人気があるので、もう席のゆとりはない。
4．彼の話はゆとりがあるから、聞きやすい。

## コラム

（　　）の中の適当な言葉を選んでください。

**科学**

A：最近、（① a 脳死　b 事故死）の判定をされた人から臓器（② a 転移　b 移植）をしたというニュースを聞きますね。

B：ええ、科学が進歩したおかげで先進的な（③ a 医学　b 医療）を受けられるようになりました。でも、人間の死をどう判定するか、難しい問題だと思います。（④ a 遺伝子　b ウイルス）を操作して病気の（⑤ a 治療　b 療養）をしたり、（⑥ a ロボット　b クローン）技術を使って子供を生ませたりする研究も進んでいますね。これらは皆、医学の（⑦ a 分野　b 分類）だけでは解決できない問題を含んでいると思います。

## コラム

　　　　の中から適当な言葉を選び、（　　）に入れましょう。

**環境**

| 温暖化 | 温室効果ガス | 排気ガス | リサイクル | 汚染 |
| 酸性雨 | 資源 | | | |

A：家庭から出るごみの半分は再利用できるそうですよ。Bさんは新聞、瓶、缶などは（①　　）ごみとして分別して出していますか。

B：もちろんです。うちの近所はみんな（②　　）に関心を持っていますから。

A：ごみ問題もそうですが、この頃は環境問題が深刻になっていますね。森林を枯らす（③　　）や化学物質による海洋（④　　）なども大きな問題になっているという記事を読みました。

B：私もこの間、新聞で読んだんですが、地球（⑤　　）の影響で南極の氷が溶けているそうですよ。

A：気温が上がるのは、車の（⑥　　）などの（⑦　　）が原因だそうですね。

B：これからは1人1人がより一層、地球全体の環境に関心を持たなければいけませんね。

# 2-3 名詞（社会について）

## a. 社会、国際

| | | | | | | | | |
|---|---|---|---|---|---|---|---|---|
| お返し（かえし） | お礼（れい） | 改革（かいかく） | 過疎（かそ） | 義務（ぎむ） | 協定（きょうてい） | 義理（ぎり） | 軍縮（ぐんしゅく） | 契約（けいやく） |
| 権限（けんげん） | 権利（けんり） | 権力（けんりょく） | 詐欺（さぎ） | 使命（しめい） | 社会（しゃかい） | 謝礼（しゃれい） | 条約（じょうやく） | 親善（しんぜん） |
| 正義（せいぎ） | 制度（せいど） | 責任（せきにん） | 世間（せけん） | 大衆（たいしゅう） | 付き合い（つきあい） | 出来事（できごと） | 任務（にんむ） | 犯行（はんこう） |
| 犯罪（はんざい） | 人目（ひとめ） | 福祉（ふくし） | 不正（ふせい） | 紛争（ふんそう） | 分担（ぶんたん） | 変遷（へんせん） | | ボランティア |
| 民間（みんかん） | 役割（やくわり） | 世の中（よのなか） | 世論（よろん） | 冷戦（れいせん） | | | | |

## b. 司法、行政、立法

| | | | | | | | | | |
|---|---|---|---|---|---|---|---|---|---|
| 干渉（かんしょう） | 公約（こうやく） | 裁判（さいばん） | 支配（しはい） | 政策（せいさく） | 訴訟（そしょう） | 治安（ちあん） | 統治（とうち） | 独裁（どくさい） | 任命（にんめい） | 判決（はんけつ） |
| 封建（ほうけん） | 法律（ほうりつ） | | | | | | | | |

## c. 経済

| | | | | | | | | |
|---|---|---|---|---|---|---|---|---|
| 赤字（あかじ） | インフレ | 外貨（がいか） | 会計（かいけい） | 価格（かかく） | 家計（かけい） | 株式（かぶしき） | 為替（かわせ） | 関税（かんぜい） |
| 黒字（くろじ） | 景気（けいき） | 経費（けいひ） | コスト | 財源（ざいげん） | 在庫（ざいこ） | 財産（ざいさん） | 資金（しきん） | 収益（しゅうえき） |
| 出費（しゅっぴ） | 消費（しょうひ） | 所得（しょとく） | 生計（せいけい） | 損失（そんしつ） | ただ | 賃金（ちんぎん） | 通貨（つうか） | デフレ |
| 取り引き（とりひき） | 値段（ねだん） | 費用（ひよう） | 報酬（ほうしゅう） | 無駄遣い（むだづかい） | もうけ | 利益（りえき） | 浪費（ろうひ） | |

## d. 仕事、産業

| | | | | | | | |
|---|---|---|---|---|---|---|---|
| 運輸（うんゆ） | 企業（きぎょう） | キャリア | 業績（ぎょうせき） | 功績（こうせき） | 国産（こくさん） | 雇用（こよう） | 作物（さくもつ） |
| 産業（さんぎょう） | 資源（しげん） | 施設（しせつ） | 下請け（したうけ） | 品（しな） | 人事（じんじ） | 成績（せいせき） | 設備（せつび） |
| 捜査（そうさ） | 装置（そうち） | 素材（そざい） | 田んぼ（た） | 手当て（てあて） | 鉄鋼（てっこう） | 手続き（てつづき） | 手間（てま） |
| 同僚（どうりょう） | 共働き（ともばたらき） | ネットワーク | 燃料（ねんりょう） | 派遣（はけん） | 畑（はたけ） | 部品（ぶひん） | プロ |
| ベテラン | マスコミ | 見本（みほん） | メディア | | | | |

## e. 科学、文化

| | | | | | | | | |
|---|---|---|---|---|---|---|---|---|
| アナログ | 医学（いがく） | 遺伝子（いでんし） | 腕前（うでまえ） | 演劇（えんげき） | 演出（えんしゅつ） | 学問（がくもん） | 学力（がくりょく） | 儀式（ぎしき） | 技術（ぎじゅつ） |
| 脚本（きゃくほん） | 教育（きょういく） | 教科（きょうか） | 競技（きょうぎ） | 行儀（ぎょうぎ） | 教訓（きょうくん） | 競走（きょうそう） | 教養（きょうよう） | 娯楽（ごらく） | 才能（さいのう） |
| 作法（さほう） | 紫外線（しがいせん） | しつけ | 実行（じっこう） | 実施（じっし） | 実践（じっせん） | シナリオ | 習慣（しゅうかん） | 随筆（ずいひつ） | 専門（せんもん） |
| 体操（たいそう） | デジタル | 伝説（でんせつ） | 伝統（でんとう） | 特技（とくぎ） | 半導体（はんどうたい） | 舞台（ぶたい） | 偏差値（へんさち） | ほうび | 祭り（まつり） |
| 免疫（めんえき） | 流行（りゅうこう） | 礼儀（れいぎ） | レクリエーション | | | | | | |

## 練習問題 ①

◆[　　] から適当な言葉を選んで(　　)に入れなさい。

### a．社会、国際

(1) [ a 改革　　b 変遷　　c 革命 ]
① 受験地獄をなくすには、入試制度の(　　)が必要だ。
② この博物館では、女性の衣服の(　　)を見ることができる。
③ フランス(　　)は1789年に起きた。

(2) [ a 責任　　b 役割　　c 分担 ]
① 緑の多い公園は、都会のオアシスの(　　)を果たしている。
② 小林さんに頼めば、最後まで(　　)を持ってやってくれるだろう。
③ このプロジェクトに参加するメンバーと、各自の作業の(　　)を決めた。

(3) [ a 社会　　b 大衆　　c 世の中 ]
① 誰でも(　　)の一員としての責任を果たさなければならない。
② この小説家は専門家の評価は低いが、(　　)には支持されている。
③ 友人だと思って声をかけたら、別人だった。(　　)には似ている人がいるものだ。

(4) [ a 契約　　b 条約　　c 協定 ]
① A国とB国は、友好(　　)を結んでいる。
② 数時間に及ぶ話し合いの結果、労使間の(　　)が成立した。
③ 賃貸マンションを、2年(　　)で借りることにした。

(5) [ a 民間　　b 世論　　c 世間 ]
① この事業は、政府と(　　)が共同出資して行っている。
② 本当にやりたいことなら、(　　)の目を気にしないでやるべきだ。
③ 今回の事件に対して、(　　)は大きく2つに分かれた。

### ヒント

(3) 社会：生活を営む人々の集団。〜の秩序
　　世の中：人が生活する場としての社会。最近は物騒な〜になった
(4) 条約：国家間の権利や義務に関する取り決め。〜を締結する　日中平和友好〜
　　協定：条約に次ぐレベルの国家間の取り決め。日韓漁業〜　ある事項について協議した取り決めにもいう。労使間の〜
(5) 民間：公の機関に属さないこと。〜企業　〜人
　　世間：自分につながる範囲でとらえた社会。「世の中」よりやや狭い。「世間の目」は人々のこと。

(6) [ a お礼　　b 謝礼　　c お返し ]
① 「つまらないものですが、(　　　)の気持ちです。お受け取りください。」
② 新築祝いをいただいた(　　　)に、タオルのセットを送った。
③ 講演をしてくださった先生に、わずかだが(　　　)を差し上げた。

(7) [ a 義理　　b 正義　　c 不正 ]
① 彼はとても(　　　)感が強くて、間違ったことを許せない性格だ。
② 彼女は黙って(　　　)を見逃すことのできない人だ。
③ あまり行きたくなかったが、(　　　)でパーティーに出席した。

(8) [ a 使命　　b 任務　　c 義務 ]
① 納税は国民が果たさなければならない(　　　)の1つである。
② 訓練を終え、来月から警察官としての(　　　)につく。
③ キム氏はA国とB国の平和会談の仲介役としての(　　　)を果たした。

(9) [ a 権力　　b 権限　　c 権利 ]
① (　　　)をめぐる政治家の争いに、国民は怒りを感じている。
② 事業計画の中止を決定するのは、部長としての私の(　　　)を越えている。
③ Sさんは長年、女性の(　　　)の拡大を求めて運動してきた。

(10) [ a 犯罪　　b 詐欺　　c 犯行 ]
① (　　　)を取り締まるはずの警察官が逮捕された。
② この男は偽のダイヤモンドを売り、(　　　)の疑いで指名手配されている。
③ 警察が調べた結果、この事件は内部の者の(　　　)であることがわかった。

### ヒント

(8) **使命**：その人に与えられた任務のこと。〜感
　　**任務**：ある仕事につくときに果たさなければならないこと。〜につく　〜を命じる
　　**義務**：法律上、道徳上行わなければならないこと。国民の〜　⇔権利
(9) **権力**：ある地位や立場に備わっている力。〜に屈する　〜争い
　　**権限**：その立場や機関が持つ力の範囲。決定する〜がある／ない
(10) **犯罪**：法律に違反した行為。〜を犯す　〜を取り締まる
　　**犯行**：違法行為そのもの。〜動機／時間

## b. 司法、行政、立法

(1) [ a 統治  b 治安  c 独裁 ]
① T国では長い(　　　)政権に対して、国民の批判が集まっている。
② 第二次世界大戦後、外国の(　　　)下にあった多くの国々が独立した。
③ この町は犯罪の多い町として知られていたが、長年の市民の努力で(　　　)がよくなってきた。

(2) [ a 判決  b 訴訟  c 裁判 ]
① 佐藤さんは夫と離婚後、子供の親権をめぐって(　　　)で争うことになった。
② 交通事故の被害者が起こした(　　　)は、和解によって取り下げられることになった。
③ 容疑者は証拠不十分で、無罪の(　　　)が言い渡された。

## c. 経済

(1) [ a 家計  b 生計  c 会計 ]
① 最近は、妻が(　　　)を握っている家庭が多い。
② 彼の家はいちごを栽培して(　　　)を立てている。
③ 彼はサークルの(　　　)を担当している。

(2) [ a 賃金  b 報酬  c 所得 ]
① この2、3年、国民1人当たりの(　　　)の伸びが低下している。
② 会社の業績悪化のため、社員は(　　　)がカットされた。
③ 今やっている仕事はやりがいはあるが、十分な(　　　)は期待できない。

(3) [ a 外貨  b 為替  c 通貨 ]
① 中国の(　　　)の単位は元である。
② 外国旅行で余った(　　　)は空港で両替するとよい。
③ (　　　)相場の変動は物価に大きな影響を与える。

### ヒント

(2) **判決**：裁判所の判断。～を下す／言い渡す
**訴訟**：裁判所に法的判断を申し出ること。公害～を起こす　　**裁判**：～を開く　～で争う　～官

(1) **家計**：その家の収入、支出の状態。～簿
**生計**：生きていくための生活の方法。農業で～を立てる

(2) **賃金**：一般的な金額水準などを問題にする場合に多く使われる。～カット　最低～　～格差
**報酬**：ある仕事に対して謝礼として支払われる金品。無～で働く

(4) [ a 財源　b 財産　c 資金 ]
　① 増税しなければ公共事業の(　　)を確保することができない。
　② 彼は事業に失敗して(　　)をすべて失った。
　③ 彼は昼夜を問わず働いて、会社設立の(　　)を貯めている。

(5) [ a 価格　b コスト　c 値段 ]
　① 政治家は大根1本の(　　)を知っているだろうか。
　② 世界的に石油の(　　)が高くなっている。
　③ この製品ははすべて手作業のため、機械生産に比べて(　　)が高くつく。

(6) [ a 経費　b 出費　c 費用 ]
　① 転勤が決まって引っ越しするため、多くの(　　)がかかる。
　② 不景気なので、事務所の(　　)節減を目指している。
　③ 12月はいろいろな集まりがあるので、(　　)が多い。

(7) [ a 収益　b 黒字　c 利益 ]
　① 今月は節約したので、我が家の家計は(　　)だった。
　② コンサートの(　　)を老人ホームに寄付した。
　③ これからは(　　)にならない部門を縮小していく計画だ。

(8) [ a 消費　b 浪費　c 無駄遣い ]
　①「水の(　　)ですよ。水を出したまま歯を磨くのは。」
　② 内容のない会議は時間の(　　)だ。
　③ 最近、中高年層の(　　)は貯蓄に比べて伸び悩んでいる。

## ヒント

(4) **財源**：国の財政など、規模が大きいとき使う。〜が豊か
　　**資金**：事業や経済活動のもととなる金銭。〜を集める
(5) **値段**：「価格」より日常的な場面で使われる。
(6) **経費**：公的な出費をいうことが多い。〜削減　必要〜
　　**費用**：旅行の〜を貯める　制作にかかった〜は各自が負担する
(7) **収益**：集団の事業活動によって得られる金銭。バザーの〜を被災地へ送る
　　**利益**：経済活動によって得られる金銭。株取引で〜を得る　経常〜
(8) **浪費、無駄遣い**：役に立たないことに無駄に金などを使うこと。「**無駄遣い**」は日常的な場面に多く使う。

### d. 仕事、産業

**(1)** [　a ベテラン　　b プロ　　c キャリア　]
① 長年の経験を積んだ(　　)職人の技術と知恵はすばらしい。
② スポーツでも何でも、(　　)としてやるのは大変だ。
③ 母は看護師として30年の(　　)がある。

**(2)** [　a マスコミ　　b メディア　　c ネットワーク　]
① 消費文化はテレビなどの(　　)によって広がっていく。
② 学生の就職希望を見ると、新聞社や放送局などの(　　)志望が多い。
③ 子供の手術のため、難病の子供を支援する会の(　　)を通して、献血を呼びかけた。

**(3)** [　a 設備　　b 装置　　c 施設　]
① 公共のスポーツ(　　)は民間に比べて安く利用できる。
② この図書館はパソコンや視聴覚機器などの(　　)が充実している。
③ 昨日見に行った演劇の舞台(　　)はとてもすばらしかった。

**(4)** [　a 手間　　b 手当て　　c 手続き　]
① この料理は(　　)がかからなくて、見た目もきれいだ。
② 留学するための(　　)は、けっこう大変で、時間がかかった。
③ 子供が階段から落ちてしまった。けがは大したことないが、(　　)が必要だ。

**(5)** [　a 成績　　b 功績　　c 業績　]
① こつこつ勉強したおかげで、徐々に(　　)が伸びてきた。
② 新製品の開発が成功して、会社の(　　)が伸びた。
③ あの人は福祉の分野で(　　)を残した。

---

**ヒント**

(3) 設備：そこに備わった機械や器具など。～の整ったホテル／病院
　　施設：ある目的のために造られた建物。文化／福祉～　公共の～
(5) 功績：個人が果たした優れた働き。教育界での彼の～をたたえる
　　業績：事業、研究などで成し遂げた成果。～を上げる　～不振

(6) [ a 派遣  b 雇用  c 人事 ]
① 最近の(　　)部は、採用よりリストラの仕事が増えているそうだ。
② 不景気で(　　)調整を行う会社が多い。
③ 正社員ではなく、(　　)社員として働く人が増えている。

(7) [ a 産業  b 下請け  c 企業 ]
① 日本の中小(　　)は技術力が高いと言われている。
② 親会社の経営が苦しくなると、倒産する(　　)が出てくる。
③ 高齢化社会になって、中高年を対象にした(　　)が盛んになってきた。

(8) [ a 部品  b 品  c 見本 ]
① あのＣＤは発売前から評判が高く、売り出しと同時に(　　)切れになった。
② 販売ルートを広げるために、商品の(　　)を持っていろいろな会社を回った。
③ 長年使った電気製品は、修理しようと思っても(　　)がないことが多い。

(9) [ a 素材  b 資源  c 作物 ]
① 今年は冷夏のため、野菜などの(　　)の出来が悪かった。
② この国は石油などの天然(　　)に恵まれている。
③ この服はペットボトルを再利用した新(　　)で作られている。

(10) [ a 田んぼ  b 畑  c 広場 ]
① (　　)に稲が植えてある風景を見ると、故郷を思い出す。
② うちの両親は小さな(　　)を作って野菜を育てている。
③ 駅前(　　)にはバス乗り場がずらりと並んでいる。

(11) [ a 同士  b 相手  c 同僚 ]
① いつも相談(　　)になってくれたチャンさんが帰国してしまって心細い。
② 職場の(　　)に誘われて飲みに行った。
③ 女性(　　)でおしゃべりしていたら、すっかり遅くなってしまった。

### e. 科学、文化

(1) [ a 教養   b 才能   c 学力 ]
① その老人の話し方からは、豊かな(　　)が感じられた。
② あの子は(　　)に恵まれている上に、努力家でもある。
③ 最近、子供たちの(　　)の低下が問題になっている。

(2) [ a 腕前   b 技術   c 特技 ]
① 大学に進学するより、(　　)を身につけたいという高校生が増えている。
② 手品を(　　)とする友人がカードのマジックを見せてくれた。
③ 妹のテニスの(　　)は、私よりずっと上だ。

(3) [ a 行儀   b 礼儀   c 作法 ]
① 旅先で会った若者たちの(　　)正しい態度に好感を持った。
② 難しい(　　)は抜きにして、お茶会を楽しみたい。
③ 近頃の子供は長い時間(　　)よく座っていることができない。

(4) [ a 実行   b 実践   c 実施 ]
① 中村さんは(　　)力があるので、みんなから頼られている。
② ロケット打ち上げ実験の(　　)は3月10日と決まった。
③ ここは、私たちのグループが独自の方法で行う有機栽培の(　　)の場所だ。

(5) [ a 教育   b 教訓   c しつけ ]
① 今回の失敗は悔しかったが、いい(　　)になった。
② 言葉遣いなど、家庭の(　　)は厳しいほうがいい。
③ Aさんはインドで生まれ、12歳からイギリスで(　　)を受けた。

---

**ヒント**

(2) 腕前：料理や運動などをうまくやりこなす能力。〜を上げる　プロ級の〜

(3) 行儀：日常生活における動作や態度。〜がいい／悪い
　　礼儀：社会習慣として決まっている正しい態度。〜正しい
　　作法：儀式などのときの定形化した動作。お茶／参拝の〜

(4) 実行：考えたり計画したりしたことを実際に行うこと。計画を〜に移す　〜力
　　実践：良いと考えていることを自分で行うこと。理論を〜に移す　〜的な研究
　　実施：制度、計画、イベントなどを行うこと。交通安全運動の〜期間

(6) [ a 競技　b 体操　c 競走 ]
① 毎朝15分間、軽い（　　）をするようになって、体の調子がいい。
② 来月、陸上（　　）の選手として全国高校体育大会に出場する。
③ 小学生のとき、100メートル（　　）では誰にも負けなかった。

(7) [ a 娯楽　b 祭り　c レクリエーション ]
① この工場では、働く人たちのための様々な（　　）活動が盛んに行われている。
② （　　）の少ないこの町では、休日の楽しみは映画を見ることぐらいだ。
③ （　　）の日になると、いつもは静かな神社の前の通りに夜店がたくさん出て、おおぜいの人でにぎわう。

(8) [ a 伝統　b 習慣　c 流行 ]
① 彼は（　　）ある織物の技術を受け継ぐために、父親のもとで修業している。
②「歯はとても大切なので、毎食後、すぐ歯を磨く（　　）をつけましょう。」
③ この服は、（　　）に左右されないデザインなので、長く着られそうだ。

(9) [ a 演劇　b 脚本　c 舞台 ]
① 鈴木さんは高校時代、（　　）クラブでいつも主役をしていて人気があった。
② ベテランの杉村さんでも、初めて（　　）に立ったときは緊張したそうだ。
③ 人気作家のA氏はテレビドラマの（　　）も書いている。

## 練習問題 ②

◆次の言葉の使い方として最もよいものを、1・2・3・4から1つ選びなさい。

**(1) 親善**
1. 非常時にこそ、近所の人々との親善を大切にしたい。
2. けんかした2人を仲直りさせるという親善の役目をした。
3. 友人を食事に招待して、親善の気持ちを表した。
4. スポーツを通じて両国の親善を深める。

**(2) 紛争**
1. 両国は国境をめぐる紛争が絶えない。
2. あの兄弟は金銭のことで、紛争ばかりしている。
3. 彼は仕事上の紛争で会社をやめた。
4. 彼は賃上げのための組合紛争に参加した。

**(3) 干渉**
1. 両国の争いを解決するための国連軍の干渉を決めた。
2. 1人で問題を解きたいのに、ヒントを出すのは、余計な干渉だ。
3. 最近、親の干渉がつくづく嫌になったので、家を出た。
4. 彼は海外生活が長いので、多くの外国人との干渉には慣れている。

**(4) 過疎**
1. この地域は、夜になると人影も少なく、過疎になる。
2. ここは交通の便も悪く、産業もないので、過疎化が進んでいる。
3. 子供の人口の過疎により、近くの小学校が廃校になった。
4. 3,000メートル以上の山の頂上は、空気が過疎で苦しい。

**(5) 冷戦**
1. 両党は話し合いを続けているが、冷戦が解決できない。
2. 昨日、妻とちょっとしたことで冷戦をして、一言も口をきいていない。
3. 民族問題をめぐって、両国は冷戦状態が続いている。
4. 昨日のサッカーの試合は冷戦になり、ファン同士の衝突が見られた。

**(6) 演出**
1. 俳優の演出の素晴らしさに観客の拍手はやまなかった。
2. 彼が初めてテレビに演出したのは、トーク番組だった。
3. 彼の演出によるドラマが次々と話題になっている。
4. 国立劇場で上演されている演出を見に行った。

# 2-4 名詞（衣食住、自然）

## a. 衣食住、道具など

| アクセサリー | 網(あみ) | アンテナ | 衣装(いしょう) | 衣服(いふく) | 衣類(いるい) | ウール |
|---|---|---|---|---|---|---|
| 餌(えさ) | 襟(えり) | おかず | おやつ | 鏡(かがみ) | 楽器(がっき) | カバー |
| 絹(きぬ) | 鎖(くさり) | 口紅(くちべに) | コード | 穀物(こくもつ) | コンセント | さお |
| シーツ | 蛇口(じゃぐち) | 住所(じゅうしょ) | 住宅(じゅうたく) | 主食(しゅしょく) | 食品(しょくひん) | 食料(しょくりょう) |
| 裾(すそ) | 住まい(すまい) | 栓(せん) | 袖(そで) | 棚(たな) | 調味料(ちょうみりょう) | 天井(てんじょう) |
| 熱湯(ねっとう) | 柱(はしら) | パイプ | ひも | ピン | ファスナー | 蓋(ふた) |
| 包丁(ほうちょう) | | ホース | ポリエステル | メーター | 木綿(もめん) | 薬品(やくひん) | 床(ゆか) |

## b. 自然

| 嵐(あらし) | あられ | 泡(あわ) | 稲光(いなびかり) | 宇宙(うちゅう) | 沖(おき) | オゾン | 海岸(かいがん) | 影(かげ) | 崖(がけ) |
|---|---|---|---|---|---|---|---|---|---|
| 雷(かみなり) | 気候(きこう) | 霧(きり) | 光景(こうけい) | 洪水(こうずい) | さび | 酸素(さんそ) | 雫(しずく) | 湿気(しっけ) | 湿り気(しめりけ) |
| 霜(しも) | 大気(たいき) | 露(つゆ) | 津波(つなみ) | 天気(てんき) | 天候(てんこう) | 眺め(ながめ) | 雪崩(なだれ) | 半島(はんとう) | ひょう |
| 風景(ふうけい) | 放射能(ほうしゃのう) | ほこり | 水気(みずけ) | 岬(みさき) | みぞれ | 湾(わん) | | | |

## c. 生物

| ウイルス | 枝(えだ) | かび | くちばし | 梢(こずえ) | 細菌(さいきん) | 細胞(さいぼう) | しっぽ | 種(たね) | 角(つの) | つぼみ |
|---|---|---|---|---|---|---|---|---|---|---|
| 毒(どく) | とげ | 根(ね) | ばい菌(ばいきん) | 実(み) | 幹(みき) | 芽(め) | | | | |

## d. 身体、その他

| 垢(あか) | あくび | あざ | 汗(あせ) | アレルギー | 息(いき) | 一生(いっしょう) | 命(いのち) |
|---|---|---|---|---|---|---|---|
| いびき | 腕(うで) | かかと | 肩(かた) | 癌(がん) | きず | くしゃみ | 血圧(けつあつ) |
| 血液(けつえき) | 腰(こし) | しゃっくり | 寿命(じゅみょう) | 神経(しんけい) | 心臓(しんぞう) | 背中(せなか) | 体格(たいかく) |
| 体つき(からだつき) | つば | 涙(なみだ) | 肉体(にくたい) | 脳(のう) | 肺(はい) | 膝(ひざ) | 肘(ひじ) |
| 額(ひたい) | 皮膚(ひふ) | ほっぺた | 骨(ほね) | まぶた | 脈拍(みゃくはく) | やけど | 脇(わき) |

## e. 感覚を刺激するもの

| 味(あじ) | 映像(えいぞう) | 香り(かおり) | 光沢(こうたく) | 雑音(ざつおん) | 刺激(しげき) | 色彩(しきさい) | 騒音(そうおん) | つや | 粘り(ねばり) | 反響(はんきょう) |
|---|---|---|---|---|---|---|---|---|---|---|
| 響き(ひびき) | 物音(ものおと) | | | | | | | | | |

## 練習問題 ①

◆ [ ] から適当な言葉を選んで ( ) に入れなさい。

### a. 衣食住、道具など

(1) [ a 住まい　b 住宅　c 住所 ]
① 「お(　　)はどちらですか。」「池袋です。」
② 「引っ越し先のご(　　)を教えてください。」
③ A町は高級(　　)地として知られている。

(2) [ a 床　b 柱　c 天井 ]
① 建物は(　　)などの骨組みが重要だ。
② (　　)が高いと開放感があり広く感じる。
③ 最近は、(　　)暖房にする家が増えている。

(3) [ a ホース　b パイプ　c さお ]
① 強い風で(　　)に干したタオルが飛んでいってしまった。
② 洗面台の水が流れにくいので、(　　)を掃除した。
③ 雨が降らないので、(　　)で庭に水をまいた。

(4) [ a 蛇口　b 蓋　c 栓 ]
① 「水が止まっていませんよ。(　　)をちゃんと閉めなさい。」
② ワインの(　　)が固くてなかなか抜けない。
③ 瓶の(　　)が固くて開かなかったので、友達に開けてもらった。

(5) [ a ひも　b コード　c 鎖 ]
① 電気スタンドの(　　)が短すぎて、机の上に置けない。
② 古い新聞を(　　)でしばって、資源ごみに出した。
③ 犬を(　　)につないで、散歩に連れていった。

(6) [ a コンセント　b アンテナ　c メーター ]
① 部屋に電化製品が増えて、(　　)が足りなくなった。
② 台風で屋根の上のテレビの(　　)が倒れてしまった。
③ 「ガスの(　　)は、家の横の車庫の奥にあります。」

> **ヒント**
> (1) **住まい**：店は新宿ですが、〜は練馬です　一人住まい　　**住宅**：公営〜　二世帯〜　〜展示場

(7) [ a ファスナー　　b アクセサリー　　c ピン ]
① 前髪が落ちてこないように(　　)でとめた。
② 太ったのでズボンの(　　)が閉まらなくなってしまった。
③ 彼女の誕生日に何か(　　)をプレゼントしたいと思っている。

(8) [ a 衣類　　b 衣装　　c 衣服 ]
① 彼は16、7世紀のヨーロッパの(　　)の歴史を研究している。
② フリーマーケットでは、コートから靴下まで、様々な(　　)が売られている。
③ あの人は舞台(　　)のデザイナーとして有名だ。

(9) [ a 木綿　　b ポリエステル　　c ウール ]
① 寒くなると、(　　)のコートが欲しくなる。
② (　　)の服は軽くてしわにならない。
③ タオルやハンカチはやっぱり吸水性のある(　　)がいい。

(10) [ a 襟　　b 裾　　c 袖 ]
① 暑いので、シャツの(　　)をまくった。
② このスカートは少し長いので、(　　)を上げなければならない。
③ 風が強いので、コートの(　　)を立てて歩いた。

(11) [ a 食品　　b 餌　　c 食料 ]
① 吹雪に閉じ込められて、山小屋の(　　)が尽きてしまった。
② 最近は冷凍(　　)の種類が増えて、便利になった。
③ 森林開発などで動物の(　　)が少なくなってきている。

(12) [ a おかず　　b おやつ　　c 主食 ]
① 東アジアでは米を(　　)にしている国が多い。
② 子供の(　　)は手作りにするように心がけている。
③ 夕食の(　　)を毎日考えるのはけっこう大変だ。

**ヒント**

(8) **衣類**：靴下、下着などを含めた身につける物の総称。　**衣装**：特別なときに身につける服。花嫁〜　バレエの〜　**衣服**：主に外側に着る上着、ズボンなど。

(10) **食品**：インスタント／自然〜　**食料**：3日分の〜

**b. 自然**

(1) [ a 泡　　b 露　　c 雫 ]
① 葉の上の(　　)に朝日が当たって美しかった。
② 冷やしすぎたビールは少ししか(　　)が立たない。
③ 雨が降ったようだ。木の葉から(　　)が落ちている。

(2) [ a みぞれ　　b 霜　　c ひょう ]
① ピンポン球くらいの(　　)が降り、農作物に大きな被害が出た。
② 気温が下がり、雨が(　　)に変わった。
③ 今朝はとても冷え込んだため、庭一面に(　　)が降りた。

(3) [ a 風景　　b 眺め　　c 光景 ]
① 友人の家で大家族が和やかに食事をする(　　)を見て温かい気持ちになった。
② あの画家はフランスの田舎の(　　)を好んで描いた。
③ 山登りはきつかったが、頂上からの(　　)はすばらしかった。

(4) [ a 天気　　b 天候　　c 気候 ]
① この島は一年中(　　)が温暖なので、過ごしやすい。
② 米の取れ高はその年の(　　)に左右される。
③ 旅行に行くので、明日の(　　)が気になる。

(5) [ a 津波　　b 洪水　　c 雪崩 ]
①「地震があったので、沿岸地方に住んでいる方は(　　)に注意してください。」
② 大雨のため、近くの川は(　　)になる恐れがある。
③「気温が上がって(　　)の危険があるので、スキー客は直ちに避難してください。」

---

**ヒント**

(3) 風景：主に自然界の調和のとれた様子。〜画　　眺め：ある場所から見える風景。窓からの〜
　　光景：目の前に見える景色や様子。事故現場の〜
(4) 天気：1〜3日程度の短期間の大気の状態。今日は〜がいい　〜予報
　　天候：数日から数十日程度の比較的長い期間の大気の状態。〜が不順だ
　　気候：天候よりさらに長い期間の、ある地域の天気の状態。熱帯性／温暖な〜

(6) [ a 水気　b 湿り気　c 湿気 ]
① 「肉と混ぜる前に野菜の(　　　)をよく切ってください。」
② 今日はあまり日が照らなかったので、洗濯物に(　　　)が残っている。
③ 日本の夏は気温が高い上に(　　　)も多いので、過ごしにくい。

(7) [ a 湾　b 岬　c 半島 ]
① 船員にとって(　　　)の灯台は方向を知る大切な存在だ。
② この(　　　)には大きな漁港が2つある。
③ この(　　　)は波が穏やかなので、貝の養殖が行われている。

(8) [ a オゾン　b 大気　c 放射能 ]
① 原子力発電所の事故で周囲に大量の(　　　)が漏れた。
② (　　　)層が破壊され、地上に届く紫外線の量が増えている。
③ 車の排気ガスによる(　　　)汚染が深刻だ。

## c. 生物

(1) [ a つぼみ　b 種　c 実 ]
① 春とはいってもまだ寒いのに、桜の(　　　)がもう膨らんでいる。
② 庭にある木の赤い(　　　)は、鳥が全部食べてしまった。
③ 朝顔の(　　　)は4月頃まくといい。

(2) [ a ウイルス　b ばい菌　c 細菌 ]
① 彼は腸内(　　　)の研究者として知られている。
② 「手には(　　　)がついているから、家に帰ったらよく洗いなさい。」
③ 今年の冬は、インフルエンザの(　　　)が猛威をふるっている。

### ヒント

(6) 湿り気：物に少し含まれている水分。土に適度な〜を与える
　　湿気：湿った空気。〜が多くてじめじめする　〜を嫌う食品
(7) 半島：海に向かって突き出した陸地。「岬」はその小規模なもの。津軽半島の竜飛岬

(2) ウイルス：インフルエンザなどの病原体で、「細菌」よりさらに小さい微生物。
　　ばい菌：「細菌」の中で有害なもの。

(3) [ a とげ　b 芽　c 根 ]
① バラは美しいが、(　　)が痛い。
② 暖かくなって、チューリップの(　　)が少し出てきた。
③ 大木は土にしっかりと(　　)を張っている。

(4) [ a 細胞　b 毒　c かび ]
① 発癌物質により(　　)の遺伝子が刺激を受け、癌になると言われている。
② 梅雨時には、食べ物に(　　)が生えやすい。
③ キノコにはいろいろな種類があるが、中には(　　)を持っているものもある。

(5) [ a 梢　b 幹　c 枝 ]
① 松は(　　)ぶりがよいかどうかで価値が決まる。
② 林の中を歩いていると、(　　)に小鳥がたくさん止まっていた。
③ あの木は(　　)が太く、大人が3人手をつないでも届かない。

(6) [ a くちばし　b しっぽ　c 角 ]
① 私が名前を呼ぶと、その犬は(　　)を振ってやってきた。
② 鹿が(　　)を突き合わせて、けんかをしている。
③ ツバメのひなが(　　)をいっぱいに開けて、親鳥からの餌を待っている。

### d．身体、その他

(1) [ a 体格　b 体つき　c 肉体 ]
① 木村さんは長年スポーツをしているだけあって、(　　)がいい。
② あの親子は(　　)が似ている。
③ この仕事は(　　)的な疲れよりも、精神的な疲れを感じる。

(2) [ a 肘　b 膝　c かかと ]
① 転んで(　　)を打って、歩けなくなってしまった。
② 「身長を測るときは(　　)をつけてまっすぐ立ってください。」
③ 電車で居眠りをしてしまい、隣の人に(　　)でつつかれた。

**ヒント**

(5)梢：「枝」の先のほう。

(1)体格：身長、体重、骨格から見た体の様子。　体つき：外観から見た特徴をとらえていう体の様子。

(3) [ a 腕　b 肩　c 脇 ]
　① 赤ん坊はお母さんの(　　)の中で、すやすやと眠っている。
　② 疲れ切ってゴールした選手は、仲間たちに両(　　)を抱えられて、やっと歩いた。
　③ 長時間パソコンを打っていると、目が疲れ、(　　)が凝ってくる。

(4) [ a 額　b ほっぺた　c まぶた ]
　① 山道をしばらく登っていると、(　　)に汗がにじんできた。
　② 冷たい風の中で、子供たちは(　　)を真っ赤にして遊んでいる。
　③ (　　)を閉じると、故郷の景色が浮かんでくる。

(5) [ a つば　b 汗　c 涙 ]
　① スポーツで(　　)をかけば、嫌なことは忘れてしまう。
　② 祖母は成長した孫の姿を見て、(　　)を流して喜んだ。
　③ おいしそうな料理が並んでいるのを見て、思わず(　　)を飲み込んだ。

(6) [ a いびき　b くしゃみ　c あくび ]
　① さっきから(　　)が続けて出る。風邪をひいたようだ。
　② ルームメイトの(　　)がうるさくて、よく眠れない。
　③ 先生の話の最中に眠くなって、大きな(　　)をしてしまった。

(7) [ a 脈拍　b 血圧　c 息 ]
　① 階段を走って上ったら、(　　)が切れた。
　② 走る前と、全力で走った後の2回、(　　)を測って比べてみた。
　③ 少し(　　)が高いので、塩分をとりすぎないように、食べ物に注意している。

(8) [ a やけど　b あざ　c きず ]
　① 子供の頃、木から落ちてけがをしたときの(　　)が今でも残っている。
　② なぐられて、目の周りが(　　)になった。
　③ (　　)をしたときは、すぐ冷たい水で冷やすといい。

(9) [ a 一生　b 命　c 寿命 ]
　① このアニメを通して、子供たちに(　　)の大切さを教えたい。
　② 医学が進んだおかげで、人間の(　　)が飛躍的に延びた。
　③ 彼女は(　　)を無医村の医療活動に捧げた。

### e．感覚を刺激するもの

(1) [ a 騒音　　b 雑音　　c 物音 ]
　① 友達と電話で話していたら、(　　)が入って聞きにくくなった。
　② 夜中に変な(　　)がして目が覚めた。
　③ 道路の(　　)がうるさくて、夜も眠れない。

(2) [ a つや　　b 香り　　c 粘り ]
　① この石は、磨くと(　　)が出てさらに美しくなる。
　② 納豆のように(　　)のある食品は、栄養価が高いものが多い。
　③ 部屋には、かすかに花の(　　)が漂っている。

**ヒント**

(1) **騒音**：大きくてうるさく感じる音。～公害
　　**雑音**：電話、ラジオなどで、聞くのを妨げる音。音の大きさには関係しない。

## 練習問題 ②

◆次の言葉の使い方として最もよいものを、1・2・3・4から1つ選びなさい。

**(1) 沖**
1. 暗いうちから沖に出て漁をする船の明かりが見えた。
2. 夏の日の早朝、涼しい風が吹く沖で貝殻を拾った。
3. 休みの日に、川の沖で釣りをした。
4. 夏休みに地方を旅行して、船で小さな沖に渡った。

**(2) さび**
1. 大切にしていたクッションにコーヒーのさびがついてしまった。
2. しばらく掃除をしていなかったので、棚にたまったさびをはらった。
3. 梅雨時になると、食べ物にさびが生えやすいので注意しなければならない。
4. 外に置いたままにしたため、さびがついた自転車をきれいにした。

**(3) アレルギー**
1. 住民の反対で清掃工場建設にアレルギーがかかった。
2. ほこりでアレルギーを起こしたらしく、急にくしゃみが止まらなくなった。
3. 彼は発表の準備にアレルギーを使い切ってしまい、本番ではうまくいかなかった。
4. 毎日栄養アレルギーのいい食事を取るように気をつけている。

**(4) 反響**
1. 彼が叱っても子供たちには何の反響もなかった。
2. あの会社はインフレの反響を受けていない。
3. 大統領の発言は国際的に大きな反響を呼んだ。
4. その週刊誌はスキャンダル記事ばかりで反響が悪い。

**(5) 光沢**
1. 秋の山はいろいろな色の光沢に富んでいる。
2. 冬は空気が澄んで星の光沢が美しい。
3. 彼女の光沢のある赤いドレスはとても目立っていた。
4. 夏の太陽は光沢が強いので、サングラスをかけたほうがいい。

## 長文問題

◆ ▭ の中から適当な言葉を選び、（　）に入れなさい。同じ言葉は1回しか使いません。

Ⅰ
鈴木さんは（①　　　）関係の（②　　　）に勤めている。20年以上の（③　　　）を積み、（④　　　）的な知識も豊富で、若手からは（⑤　　　）と見られている。しかし、最近では、パソコンや携帯電話の普及により、（⑥　　　）が大きく変化しているため、新たな知識が要求され、鈴木さんも本や研究会で勉強している。

鈴木さん夫婦は（⑦　　　）で、奥さんは彼の会社の（⑧　　　）会社で、（⑨　　　）社員として働いている。鈴木さんは休みの日、（⑩　　　）と一緒に福祉（⑪　　　）で、（⑫　　　）をやっている。仕事以外でも、⑬（　　　）のために役立ちたいと思っている。

| キャリア | メディア | ベテラン | ボランティア | マスコミ | 企業 | 同僚 |
| 施設 | 下請け | 世の中 | 専門 | 共働き | 派遣 | |

Ⅱ
近年、世界中で（①　　　）が悪く、日本の多くの会社は（②　　　）が減り、（③　　　）の状態が続いている。会社は（④　　　）の削減に努め、（⑤　　　）の引き下げも行っている。

こうした会社の（⑥　　　）努力が、反面で、（⑦　　　）の悪化や（⑧　　　）の落ち込みにつながっている。さらに問題なのは物の（⑨　　　）の低下が進み、（⑩　　　）が進行していることである。

| 賃金 | 価格 | 雇用 | 経営 | 景気 | デフレ | 経費 | 消費 | 収益 | 赤字 |

Ⅲ
山田さんには中学生の長男がいる。近年、学校ではゆとりのある（①　　　）が見直されている。生徒の（②　　　）の低下が問題になっているためだ。

長男は（③　　　）の高い高校を目指していて、塾で全（④　　　）の授業をとっている。塾では生徒の勉強（⑤　　　）を高めるために、月1回実力テストが（⑥　　　）されている。（⑦　　　）上位者には（⑧　　　）まで与えているそうだ。

山田さんは、長男には、テスト勉強だけでなく人間としての（⑨　　　）を身につけ、（⑩　　　）のとれた大人になってほしいと思っている。

| 偏差値 | 教育 | 教科 | 学力 | 教養 | 成績 | 実施 | 意欲 | ほうび | バランス |

# 3.1 形容詞（精神、行為）

## a. 感覚、感情

| | | | | | | | |
|---|---|---|---|---|---|---|---|
| ありがたい | 哀（あわ）れな | 痛（いた）い | うっとうしい | 羨（うらや）ましい | 惜（お）しい | 恐（おそ）ろしい | 快適（かいてき）な |
| かゆい | かわいい | 気（き）の毒（どく） | 気楽（きらく）な | くすぐったい | | 悔（くや）しい | 苦（くる）しい |
| 煙（けむ）い | 煙（けむ）たい | 恋（こい）しい | 心苦（こころぐる）しい | 心細（こころぼそ）い | 怖（こわ）い | 残念（ざんねん）な | 渋（しぶ）い |
| すっぱい | 切（せつ）ない | 頼（たの）もしい | だるい | つらい | 鈍感（どんかん）な | 情（なさ）けない | |
| 懐（なつ）かしい | 悩（なや）ましい | 苦（にが）い | 憎（にく）い | 憎（にく）らしい | ぬるい | | 眠（ねむ）い |
| 望（のぞ）ましい | ばかばかしい | 敏感（びんかん）な | 不気味（ぶきみ）な | | 不用意（ふようい）な | | ほほえましい |
| 待（ま）ち遠（どお）しい | 無関心（むかんしん）な | 蒸（む）し暑（あつ）い | 面倒（めんどう）くさい | もったいない | | | ゆううつな |
| 愉快（ゆかい）な | 楽（らく）な | 煩（わずら）わしい | | | | | |

## b. 人の特性・動作

| | | | | | | | |
|---|---|---|---|---|---|---|---|
| あくどい | あさましい | いいかげんな | おおげさな | おおざっぱな | おとなしい | | 愚（おろ）かな |
| 温和（おんわ）な | 果敢（かかん）な | 賢（かしこ）い | 頑固（がんこ）な | 頑丈（がんじょう）な | 几帳面（きちょうめん）な | | きまじめな |
| 気難（きむずか）しい | 器用（きよう）な | けちな | 健全（けんぜん）な | しとやかな | 消極的（しょうきょくてき）な | | 丈夫（じょうぶ）な |
| ずうずうしい | 健（すこ）やかな | 素直（すなお）な | ずるい | 鋭（するど）い | 誠実（せいじつ）な | | 素朴（そぼく）な |
| そそっかしい | 大胆（だいたん）な | たくましい | 巧（たく）みな | タフな | だらしない | | 知的（ちてき）な |
| 忠実（ちゅうじつ）な | 強気（つよき）な | でたらめな | 生意気（なまいき）な | 熱心（ねっしん）な | ふてぶてしい | | 見苦（みぐる）しい |
| みっともない | 醜（みにく）い | 明朗（めいろう）な | 物好（ものず）きな | 有能（ゆうのう）な | わがままな | | 幼稚（ようち）な |

## c. 物事の特性・状態

| | | | | | | |
|---|---|---|---|---|---|---|
| あいまいな | 明（あき）らかな | あざやかな | 怪（あや）しい | あやふやな | | 意外（いがい）な |
| エレガントな | 大（おお）まかな | 確実（かくじつ）な | 硬（かた）い | 辛（から）い | | 簡素（かんそ）な |
| 客観的（きゃっかんてき）な | 清（きよ）らかな | きらびやかな | 具体的（ぐたいてき）な | くだらない | | 詳（くわ）しい |
| 下品（げひん）な | 濃（こ）い | 豪華（ごうか）な | 合理的（ごうりてき）な | こっけいな | | 騒（さわ）がしい |
| さわやかな | しつこい | 地味（じみ）な | 柔軟（じゅうなん）な | 主観的（しゅかんてき）な | | すがすがしい |
| 正確（せいかく）な | 清潔（せいけつ）な | 清楚（せいそ）な | 壮絶（そうぜつ）な | 抽象的（ちゅうしょうてき）な | | 的確（てきかく）な |
| デラックスな | にぎやかな | 華々（はなばな）しい | 華（はな）やかな | 悲惨（ひさん）な | | 不思議（ふしぎ）な |
| 不明（ふめい）な | 惨（みじ）めな | 明確（めいかく）な | もろい | やかましい | | 有意義（ゆうぎ）な |
| 優雅（ゆうが）な | ロマンチックな | 論理的（ろんりてき）な | | | | |

## d. 人に対する態度

| | | | | | | | |
|---|---|---|---|---|---|---|---|
| 過酷（かこく）な | 寛大（かんだい）な | 寛容（かんよう）な | 公平（こうへい）な | こまやかな | 残酷（ざんこく）な | 失礼（しつれい）な | 自由（じゆう）な |
| そっけない | 丁寧（ていねい）な | 和（なご）やかな | なれなれしい | 平等（びょうどう）な | 不平等（ふびょうどう）な | よそよそしい | 冷淡（れいたん）な |

## 練習問題 ①

◆ [　　] から適当な言葉を選んで(　　)に入れなさい。

### a. 感覚、感情

(1) [ a 苦しい　b 切ない　c つらい ]
① 最近、夜遅くまで勉強しているので、朝、起きるのが(　　)。
② 愛する彼と１年も会えないと思うと、涙が出るほど(　　)。
③ アルバイトの収入だけで生活するのは金銭的に(　　)。

(2) [ a 不気味な　b 怖い　c 恐ろしい ]
① 最近は、子供を叱る(　　)親が少なくなった。
② 新しく開発された兵器は(　　)破壊力があるらしい。
③ 事故が起きた原子力発電所の周囲には、(　　)静けさが漂っていた。

(3) [ a 情けない　b 憎らしい　c ばかばかしい ]
① 一生懸命勉強したのに、こんな点しか取れなくて(　　)。
② ずる休みした人の仕事まで私がやるなんて(　　)。
③ この映画でヒロインをいじめる役の俳優はとても(　　)顔をしていた。

(4) [ a 心苦しい　b ありがたい　c もったいない ]
① (　　)ことに、私が困っていたとき、友達がいろいろ助けてくれた。
② まだ使える物を捨ててしまうなんて、(　　)。
③ 助けてもらうばかりで、皆の役に立てなくて(　　)。

(5) [ a 恋しい　b 懐かしい　c 羨ましい ]
① 友達とよく旅行した学生時代が本当に(　　)。
② 学生時代のボーイフレンドが今でも忘れられなくて(　　)。
③ 社会人になってみると、自由な時間がたくさんある学生が(　　)。

### ヒント

(1) 切ない：恋しさ、悲しさなどのために胸が締めつけられるような気持ち。
　　苦しい：せきが止まらなくて～　経済的に～生活
(2) 不気味な：何かわからないものに対する不安感。～物音　怖い：犬／雷が～
　　恐ろしい：程度が激しいことにも使う。～ほどの速さ／爆発力
(3) 憎らしい：「～ほど完璧」のように、感心するほどの程度であることにも使う。
　　cf. 憎い：心から恨む気持ちが強いこと。子供の命を奪った犯人が～
(4) 心苦しい：自分の心に負担を感じるほど、相手に対し申し訳ないと思う気持ち。

(6) [ a 頼もしい　b ほほえましい　c かわいい ]
① 最近言葉を覚え始めた2歳の娘がとても(　　　)。
② 単身赴任中の夫の代わりに、父親の役目をしようとする高校生の長男が(　　　)存在に思えた。
③ 小さい男の子が一生懸命妹の世話をしているのは、何とも(　　　)光景だ。

(7) [ a 痛い　b かゆい　c くすぐったい ]
① 愛犬に顔をなめられると(　　　)が、うれしいものだ。
② 蚊に刺されたところが(　　　)ので、薬を塗った。
③ 3日前に階段から落ちて、まだ膝が(　　　)。

(8) [ a 煙い　b 眠い　c だるい ]
① ゆうべ徹夜で仕事をしたので、今日は本当に(　　　)。
② 風邪気味で体が(　　　)ので、パーティーを欠席した。
③ 隣の席の人のタバコが(　　　)ので、他の席に移った。

(9) [ a 悔しい　b 残念な　c 惜しい ]
① (　　　)ことに、スミスさんは1点足りずに不合格になった。
② (　　　)ことに、テニスを始めたばかりの妹と試合をして負けてしまった。
③ 山田さんが仕事で今度の旅行に参加できないのは(　　　)ことだ。

(10) [ a 面倒くさい　b 煩わしい　c ゆううつだ ]
① あまり練習していないので、明日のスピーチ大会のことを考えると(　　　)。
② 一戸建てはマンションの生活と比べて、近所の人たちとの人間関係が(　　　)ことがある。
③ こんなにたくさんの書類を書き直さなければならないなんて(　　　)。

> **ヒント**
> (8) 煙い：タバコの煙が～　cf. 煙たい：「母は口うるさくて～」のように、敬遠したい気持ちも表す。
> (9) 惜しい：もう少しで希望がかなったというときの残念な気持ち。もう少しで勝てたのに、～試合だった
> (10) 面倒くさい：何か行動することが嫌だという気持ち。掃除をするのが～
> 　　　煩わしい：ある事柄が心を悩ませて嫌だという気持ち。人付き合いが～　～手続き　「面倒くさい」の方が口語的。

(11) [ a 鈍感な　　b 無関心な　　c 不用意な ]
　① 「彼女の気持ちに気づかないなんて、君は本当に(　　　)男だ。」
　② 政治に(　　　)若者が年々増えているようだ。
　③ 「あなたの(　　　)一言が木村さんをひどく傷つけたのよ。」
(12) [ a 気楽な　　b 快適な　　c 楽な ]
　① 給料がよくて(　　　)仕事なんてあるわけがない。
　② 一人暮らしは人に気を遣わなくて済むので、(　　　)反面、寂しいときもある。
　③ この地方は気候もいいし、食べ物もおいしいので、(　　　)生活が送れそうだ。
(13) [ a ぬるい　　b 蒸し暑い　　c うっとうしい ]
　① 日本の夏は湿度が高くて(　　　)ので、過ごしにくい。
　② 疲れをとるには、(　　　)風呂にゆっくり入るのがいい。
　③ 梅雨時は天気の悪い日が多く、(　　　)。
(14) [ a すっぱい　　b 苦い　　c 渋い ]
　① レモンの(　　　)味と香りが、魚の臭みを消してくれる。
　② 「(　　　)薬ほどよく効くと昔から言われているから、我慢して飲みなさい。」
　③ この柿は(　　　)ので、そのままでは食べられない。

### b. 人の特性・動作

(1) [ a 熱心な　　b 几帳面な　　c 忠実な ]
　① リンさんほど(　　　)学生は見たことがない。毎晩遅くまで勉強している。
　② 鈴木さんは(　　　)性格で、約束の時間の10分前には必ず着いている。
　③ 犬は飼い主に(　　　)動物だと言われている。
(2) [ a 賢い　　b 鋭い　　c 知的な ]
　① あの子はまだ小さいのに、大人の言うことがよくわかる(　　　)子だ。
　② 小林さんは(　　　)洞察力と大胆な決断力の持ち主だ。
　③ 私はただきれいなだけの人より、(　　　)女性に魅力を感じる。

> **ヒント**
> (11) **鈍感な**：⇔敏感な　　**不用意な**：配慮が足りないこと。～発言
> (12) **気楽な**：精神的に負担が少ないこと。　　**楽な**：体力的に負担が少ないこと。

(3) [ a あさましい　b ずうずうしい　c ふてぶてしい ]
① こちらの都合も聞かずに「家に泊めてくれ」というのはあまりに(　　　)。
② 金持ちなのに人の財産まで奪おうとするなんて、(　　　)根性の持ち主だ。
③ あの人は迷惑行為を何度注意されても平気な顔をしている(　　　)男だ。

(4) [ a ずるい　b あくどい　c けちな ]
① (　　　)やり方で、老人からお金をだまし取る事件が増えている。
② 人が見ていないからといって、仕事を怠けるなんて(　　　)人だ。
③ 田中さんは(　　　)人で、人におごったことがない。

(5) [ a 有能な　b 巧みな　c 器用な ]
① このプロジェクトを成功させるために、社内から(　　　)人材を集めた。
② 私の妹は手先が(　　　)ので、マフラーならすぐ編めると思う。
③ 山本さんは(　　　)話術で客を増やし、営業成績を伸ばしている。

(6) [ a おとなしい　b 温和な　c しとやかな ]
① 私の妹は、外へ行くと(　　　)のに、家ではとてもおしゃべりだ。
② 木村さんは(　　　)人柄で、怒ったところを見たことがない。
③ 隣の奥さんはいつも、もの静かで(　　　)女性だ。

(7) [ a 素朴な　b 誠実な　c 素直な ]
① 山田さんは、自然の豊かな田舎でのびのび育った(　　　)人だ。
② 隣の正男君は(　　　)子で、周りの大人の言うことをよく聞く。
③ 鈴木さんは約束したことは必ず守る(　　　)人だ。

### ヒント

(3) **あさましい**：人間としての品格が疑われるような卑しい態度。
**ずうずうしい**：自分勝手で相手の気持ちを考えず、遠慮がないこと。～く部屋に上がり込む
**ふてぶてしい**：無遠慮で怖いものはないという態度。

(4) **ずるい**：自分の利益のためにうまく行動すること。行列に横から入るのは～
**あくどい**：「ずるい」よりさらに悪質であること。～手口でもうける

(5) **巧みな**：技術が優れていること。～ハンドル操作　5か国語を～に使いこなす
**器用な**：工作や工芸など、主に手ですることを上手に行うこと。⇔不器用

(6) **おとなしい**：言動や性格が静かなこと。　**温和な**：性格がやさしいこと。
**しとやかな**：行動が静かで上品なこと。

(8) [ a 健全な　b 丈夫な　c 健やかな ]
① 私は風邪一つひかない(　　)子供だった。
② 親は誰でも子供の(　　)成長を望んでいる。
③ A社はリストラによって(　　)経営状態を取り戻した。

(9) [ a たくましい　b タフな　c 頑丈な ]
① このビルは(　　)建物で、大きな地震でも全然壊れなかった。
② 試合を待つ水泳選手たちは、鍛えられた(　　)体をしていた。
③ 田中さんは(　　)人で、2日徹夜してもいつも通り仕事をしている。

(10) [ a そそっかしい　b 愚かな　c 幼稚な ]
① 田中さんは二十歳を過ぎているのに、(　　)話し方をする。
② 一度失敗しているのに、同じやり方でまたやるなんて(　　)人だ。
③ 間違って人のかばんを持って来るなんて(　　)人だ。

(11) [ a 生意気な　b 気難しい　c 頑固な ]
① 私の父は自分の主張を絶対曲げない(　　)人だ。
② 田中さんは神経質で(　　)ので、ちょっと話しにくい。
③ 「新人のくせに上司にそんな(　　)口をきくな。」

(12) [ a いいかげんな　b わがままな　c だらしない ]
① あの人は、人の迷惑も考えずに自分の意見を通す(　　)人だ。
② 大学のゼミで、よく考えずに(　　)ことを言ったら、追求されてしまった。
③ 面接試験では、ズボンからシャツを出すような(　　)格好をしてはいけない。

---

### ヒント

(8) **健全な**：物事が正常であること。〜国家財政　〜精神は〜肉体に宿る
　　**丈夫な**：〜体／かばん　年はとっているが足は〜だ　**健やかな**：体が健康であること。
(9) **たくましい**：体が丈夫で力強いこと。〜体／若者　〜く生きる　**タフな**：肉体的、精神的に強いこと。　**頑丈な**：体や物がしっかりしていて壊れにくいこと。〜体／車／建物
(11) **気難しい**：神経質で人と合わせることができないこと。　**頑固な**：自分の主張を変えないこと。
(12) **いいかげんな**：十分考えていなくて無責任なこと。〜態度／仕事　質問に〜に答える
　　**だらしない**：行動の仕方がきちんとしていないこと。〜服装　金／時間に〜

(13) [ a 見苦しい  b みっともない  c 醜い ]
① 親の遺産を分けるにあたって、兄弟の間で(　　　)争いが起きている。
② 試験で0点なんかとると(　　　)から、少しは勉強しよう。
③ 責任を部下に負わせて、追求を逃れようとする社長の態度は(　　　)。

(14) [ a でたらめ  b おおげさ  c おおざっぱ ]
① ちょっと転んだくらいで、大騒ぎするなんて(　　　)だ。
② ○×式のテストは、(　　　)にやってもいくつかは当たる。
③ いつも(　　　)に掃除するだけなので、部屋の隅にほこりがたまっている。

(15) [ a 大胆な  b 果敢な  c 強気な ]
① デザイナーのA氏が発表したドレスは(　　　)デザインで人々の注目を集めた。
② 柔道の全国大会で、無名の選手が(　　　)攻めでチャンピオンを破った。
③ A市長は汚職を疑われているにもかかわらず、(　　　)発言を繰り返している。

### c．物事の特性・状態

(1) [ a 濃い  b 辛い  c しつこい ]
① 油をたくさん使った料理は、私にはちょっと(　　　)ので、毎日は食べられない。
② 家で勉強中に眠くなったので、(　　　)コーヒーを入れて飲んだ。
③ このカレーはとても(　　　)。ちょっと食べただけで、舌がひりひりする。

(2) [ a もろい  b 硬い  c 柔軟な ]
① お菓子作りに挑戦したが、焼きすぎて(　　　)クッキーが出来てしまった。
② 体操選手は(　　　)体を保つために、毎日ストレッチ運動を欠かさない。
③ お年寄りは骨が(　　　)ので、ちょっとしたことで骨折してしまう。

**ヒント**

(13) **見苦しい**：不快感を与えるほどの外観や行動。〜態度/場面/服装　　**みっともない**：普通は恥ずかしくてできないと思うような外観や行動、成績などの結果。〜服装/姿/成績
　　**醜い**：美しくなくて、不快感を与えるほどであること。〜容姿/争い
(15) **大胆な**：人を驚かせるほど思い切った様子。〜行動/発言/デザイン
　　**果敢な**：恐れずに積極的に向かって行く様子。〜に攻める

(3) [ a やかましい　b にぎやかだ　c 騒がしい ]
① 暖かくなって春が近づいてくると、猫の鳴き声が(　　　)。
② 政治家のスキャンダルが次々に明るみに出て、世間が(　　　)。
③ 駅前の商店街は、いろいろな店があり、人通りも多くて(　　　)。

(4) [ a 清潔な　b 清らかな　c すがすがしい ]
① 都会の人ごみを逃れて、高原の(　　　)空気を吸いたい。
② 彼女ほど純粋で(　　　)心を持った人はいない。
③ 彼の部屋はきれいに掃除がしてあって(　　　)感じだった。

(5) [ a あざやかな　b きらびやかな　c さわやかな ]
① この辺は紅葉の名所で、10月下旬になると山々は(　　　)赤や黄色に染まる。
② (　　　)衣装を身につけた歌手が舞台に登場すると、大きな歓声が上がった。
③ 山道を登るのは大変だったが、頂上で(　　　)風に吹かれて、疲れを忘れた。

(6) [ a 優雅な　b 豪華な　c 華やかな ]
① 美しく着飾った若い女性がたくさんいて、会場は(　　　)雰囲気だった。
② 鈴木さんは数億円で買った(　　　)マンションに住んでいるそうだ。
③ 着物を着慣れた山田さんの(　　　)姿に人々の視線が集まった。

(7) [ a 下品な　b こっけいな　c くだらない ]
① ピエロは(　　　)格好をしているが、何となく人生の悲哀を感じる。
② どちらが先にやるかという(　　　)ことで、友達とけんかしてしまった。
③ 山田さんは服装はきちんとしているのに、(　　　)食べ方をするのが気になる。

## ヒント

(3) **やかましい**：音や声が不愉快なほど大きいこと。工事の音が〜　何度も文句を言ったり、注意したりして厳しいことにも使う。母は礼儀作法に〜

**にぎやかな**：人がおおぜい集まって活気がある様子。家族そろって〜に食事する

**騒がしい**：物音がしてうるさいこと。外が〜ので、見に行った　事件などが起きて世の中が落ち着かない場合にも使う。有名選手のスキャンダルでマスコミが〜

(4) **清潔な**：主に物理的な意味で汚れていないことに使う。〜タオル／手／感じの人

**清らかな**：澄んで美しい、また、精神的に何の汚れもなく美しいこと。〜川の流れ／心

**すがすがしい**：さわやかで気持ちのいいこと。〜空気／気持ち

(5) **さわやかな**：さっぱりして気持ちがいいこと。〜風／笑顔／感じの人

(8) [ a 不思議な　b 怪しい　c 意外な ]
① ゆうべ、大きな鳥に乗って空を飛んでいる（　　）夢を見た。
② 殺人現場の近くをうろついている（　　）人物を目撃した。
③ 今日の試合は、昨年の優勝チームが敗れるという（　　）結果に終わった。

(9) [ a エレガントな　b デラックスな　c ロマンチックな ]
① パリに３年留学していた妹は、とても（　　）女性になって帰ってきた。
② 恋人と横浜の夜景を見ていたら、（　　）気分になった。
③ 設備もサービスも最高級の（　　）ホテルに泊まってみたい。

(10) [ a 論理的　b 抽象的　c 主観的 ]
① あの政治家の話は（　　）で、何を実行しようとしているのかわからない。
② あの人の判断は（　　）で、周囲の共感が得られない。
③ あの学者の話はとても（　　）で、反論の余地がなかった。

(11) [ a 正確に　b 的確に　c 明確に ]
① この事故の責任の所在を早く（　　）すべきだ。
② パスポートの申請書には姓名を（　　）書いてください。
③ 仕事がうまくいかないとき、部長は（　　）アドバイスしてくれる。

(12) [ a あやふや　b 不明　c 大まか ]
①「詳しい説明をする前に、まず作業の（　　）な内容を説明します。」
② あの事件は何年前のことか、記憶が（　　）ではっきりしない。
③ 事故から１年たったのに、その原因はまだ（　　）だ。

(13) [ a 地味　b 簡素　c 清楚 ]
① 今まで面倒だった役所の手続きが少し（　　）化された。
②「その茶色の服はパーティーには（　　）だと思うわ。」
③ 真っ白いワンピースを着た（　　）な感じの女性があそこに立っている。

## ヒント

(8) **不思議な**：何かわからなくて理解できないこと。～現象／話
　　**怪しい**：わからなくて何か変だ、疑わしいと感じること。～人／行動
(12) **あやふやな**：はっきりしなくて確かではないこと。～知識／態度　記憶が～になる　cf. **あいまいな**：はっきりしなくてどのようにもとれること。～態度／返事　意図的にはっきりさせないでおく場合にも使う。責任／答えを～にする

(14) [ a 壮絶な　b 悲惨な　c 惨めな ]
① 大地震の後の(　　)光景を見て、胸が痛くなった。
② 彼は独立戦争で人々の先頭に立って戦い、(　　)死を遂げた。
③ 相手チームが強すぎたとはいえ、あんな(　　)負け方はしたくなかった。

### d. 人に対する態度

(1) [ a 平等な　b 自由な　c 公平な ]
① 裁判官は常に(　　)判断をしなければならない。
② 今の日本は、まだ男女が(　　)社会だとは言えない。
③ この学校は制服がないので、生徒は(　　)服装をしている。

(2) [ a 和やかな　b 丁寧な　c 寛大な ]
① 久しぶりに同級生が集まったパーティーは(　　)雰囲気に包まれていた。
② あの店は店員の(　　)応対が気持ちいい。
③ 山田さんは(　　)人だから、このくらいの間違いは許してくれるだろう。

(3) [ a 冷淡な　b 過酷な　c 残酷な ]
① 彼は厳しい暑さの中、砂漠を車で縦走する(　　)レースを完走した。
② 病気の父にこんな悲しいニュースを知らせるのは(　　)ことだ。
③ 今まで優しかった恋人が最近急に(　　)態度をとるようになった。

(4) [ a よそよそしい　b そっけない　c なれなれしい ]
① その人は初対面なのに、(　　)態度で話しかけてきた。
② 親しい相手に敬語で話すのは(　　)感じがする。
③ 思い切って好きな人を映画に誘ったが、(　　)返事しか返ってこなかった。

### ヒント

(14) **悲惨な**：見ていられないほど悲しく痛ましいこと。～生活／戦争／歴史
　　 **惨めな**：(より主観的な判断で)悲しくつらくなるほどであること。～姿／気持ち

(1) **平等な**：差別がないこと。男女～　財産を兄弟に～に分ける　すべての人が～社会
　　 **公平な**：偏らないこと。審判は常に～判断を求められる

(3) **過酷な**：耐えられないほどひどいこと。1日12時間にも及ぶ～労働
　　 **残酷な**：人や動物に対する扱い方がひどく、思いやりのないこと。～犯罪／物語

## 練習問題 ②

◆次の言葉の使い方として最もよいものを、1・2・3・4から1つ選びなさい。

**（1）心細い**
1．この作家の感性は実に心細くて、人間の心理をよくとらえている。
2．他の人の小さな失敗も許せないのは心細いことだ。
3．一度負けたからといって、心細くなる必要はない。
4．暗い夜道を1人で歩くのは心細い。

**（2）きまじめな**
1．彼女は時間にきまじめで、約束の時間に遅れたことは一度もない。
2．新しい上司はとてもきまじめで、冗談なんか言いそうにない。
3．父は一度言い出したらどんな意見にも耳を貸さない、きまじめな人だ。
4．彼の話はおおげさだから、きまじめに聞かないほうがいい。

**（3）あいまいな**
1．友達を旅行に誘ったが、あいまいな返事しか返ってこなかった。
2．霧が出て、景色はあいまいにしか見えなかった。
3．メモした電話番号があいまいで、友人に連絡できなかった。
4．将来に対してあいまいな不安を感じている若者が多い。

**（4）明らかな**
1．田中さんの家はいつも笑いが絶えない、明らかな家族だ。
2．光を当てると、壁に描かれた模様が明らかに見えた。
3．あの人のニュース解説は、難しいことを明らかに解説してくれるのでわかりやすい。
4．このテスト結果から、A社の製品が優れていることは明らかだ。

**（5）くだらない**
1．責任を負わされた上に、賠償金まで払わされるのは、くだらない。
2．彼はどんなに不利な状況になっても決して諦めない、くだらない人だ。
3．中学生にもなって、お菓子の大きさでけんかするなんてくだらない。
4．この川は流れがくだらないので、水泳やボート遊びには適さない。

**（6）こまやかな**
1．子供たちは母のこまやかな愛情を受けて成長した。
2．姉はししゅうや編み物など、こまやかな手仕事が得意だ。
3．彼女はとてもこまやかな性格で、ちょっとしたことで傷つく。
4．これは非常にこまやかな問題だから、誤解が起きないよう、注意が必要だ。

(7) 気の毒な
1. わざわざ会いに来てくれたのに、留守をしていて気の毒なことをした。
2. 多くの死者が出た事故現場は気の毒で、正視できないほどだった。
3. 友人は、会社の人間関係が気の毒で、病気になった。
4. 雨の日が何日も続くと、気の毒で何もしたくなくなる。

(8) 望ましい
1. そんな格好で会社の採用面接に行くのは望ましくない。
2. 就職先が決まって、将来への望ましい気持ちがいっそう強くなった。
3. 兄の恋人は、明るく元気で、とても望ましい女性だ。
4. 私と彼女は望ましい音楽や映画が同じなので、話していて楽しい。

(9) 哀れな
1. 主人公の少女の、恋人との哀れな別れの場面で、観客は皆泣いた。
2. 争いに敗れた猿は、傷だらけの哀れな姿で群れから去って行った。
3. 帰国すると、友人たちと会えなくなるのが哀れだ。
4. 秋の夕暮れの景色は哀れで、人恋しい。

(10) 待ち遠しい
1. 北国は春が待ち遠しくて、なかなか暖かくならない。
2. 約束の時間が過ぎても友達が来ないので、待ち遠しくて帰ってしまった。
3. 新しいゲームソフトの発表が待ち遠しくて、落ち着かない。
4. 長年、市民が待ち遠しかった地下鉄が、今年ようやく開通した。

(11) 物好きな
1. 彼女はピアノも弾けば、絵も描く、物好きな人だ。
2. こんなひどいにおいのものが好きだなんて、物好きな人だ。
3. 彼は珍しい切手や、古いおもちゃを集めるのが好きな、物好きな人だ。
4. 佐藤さんは物好きだから、わからないことがあったら、彼に聞けばいい。

# 3.2 形容詞（物事の様子）

## a. 物事の良・不良、適・不適

| | | | | | |
|---|---|---|---|---|---|
| 悪質な | オーソドックスな | 凶悪な | 結構な | 合理的な | 順当な |
| 正式な | 正当な | 善良な | 粗悪な | 妥当な | 中途半端な |
| 適格な | 適切な | 適当な | 適度な | 等しい | 不可欠な |
| 不合理な | ふさわしい | 不つりあいな | 不当な | 不要な | 本格的な |
| 紛らわしい | 無理な | 有効な | 良好な | | |

## b. 調子、出来具合

| | | | | | | | |
|---|---|---|---|---|---|---|---|
| 円満な | 画一的な | 危険な | 厳密な | 好調な | 順調な | 上等な | 親密な |
| すてきな | すばらしい | 精巧な | 精密な | 相対的な | 粗末な | 対照的な | 緻密な |
| 手薄な | 貧弱な | 無事な | 無難な | 平穏な | 見事な | 密接な | 優秀な |
| 立派な | | | | | | | |

## c. 強弱

| | | | | | | | | |
|---|---|---|---|---|---|---|---|---|
| 荒い | か弱い | きつい | 虚弱な | 強固な | 強大な | 強力な | 強烈な | 屈強な |
| 力強い | 手ごわい | 軟弱な | 根強い | 激しい | ひ弱な | 猛烈な | | |

## d. 形状

| | | | | | | | |
|---|---|---|---|---|---|---|---|
| いびつな | 険しい | シャープな | 鋭い | 平らな | なだらかな | 滑らかな | 平たい |
| 不格好な | 不細工な | 平坦な | 細長い | 緩やかな | | | |

## e. 速い・遅い／多い・少ない

| | | | | | | |
|---|---|---|---|---|---|---|
| 慌ただしい | 一様な | おびただしい | かすかな | 急な | 窮屈な | 急速な |
| 細かい | ささやかな | すばしこい | すばやい | 絶大な | 狭い | 狭苦しい |
| 多彩な | 多大な | 多様な | 手軽な | 手近な | 手早い | 手短な |
| 乏しい | のろい | 莫大な | 目まぐるしい | 豊かな | わずかな | |

## f. 特異・平凡

| | | | | | |
|---|---|---|---|---|---|
| 異様な | 型破りな | 単純な | 単調な | 月並みな | 特異な |

## g. その他

| | | | | | | | |
|---|---|---|---|---|---|---|---|
| 安易な | うつろな | 幼い | 軽々しい | 軽やかな | スポーティーな | はかない | 平易な |
| 空しい | 容易な | 若い | 若々しい | | | | |

## 練習問題 ①

◆[ ]から適当な言葉を選んで( )に入れなさい。

### a. 物事の良・不良、適・不適

(1) [ a 良好な　b 結構な　c 善良な ]
① 父は手術後の経過が(　　　)ので、早ければ来週にも退院できそうだ。
② (　　　)老夫婦をだましてお金を奪うとは、許せない行為だ。
③ 「先日は(　　　)品をお送りくださってありがとうございました。」

(2) [ a オーソドックスな　b 正式な　c 正当な ]
① 「一度払った代金は(　　　)理由がない限り、お返しいたしません。」
② 「(　　　)集まりだから、ジーンズなどのカジュアルな服は着ていかないほうがいいよ。」
③ 女性の服は流行によって変化するが、男性の服は(　　　)ものが多い。

(3) [ a 本格的な　b 合理的な　c 有効な ]
① ごみに集まるカラスを追い払う(　　　)対策はないだろうか。
② 今度新築する家は暖房や給湯に太陽熱を利用した、(　　　)設計になっている。
③ 今日は父がイタリアで覚えてきた、(　　　)イタリア料理を作ってくれた。

(4) [ a 凶悪な　b 悪質な　c 粗悪な ]
① 酒酔い運転による事故など、(　　　)違反を犯した場合は免許停止になる。
② どんなに安くても、すぐに壊れてしまうような(　　　)製品が売れるはずがない。
③ 逮捕された男は、数年前から放火や殺人などの(　　　)犯罪を繰り返していたということだ。

(5) [ a 適度　b 適格　c 適切 ]
① 減量したいなら、(　　　)な運動と食事制限が必要だ。
② 会の代表には、みんなに信頼されていてリーダーシップのある佐藤さんが最も(　　　)だと思う。
③ ヤンさんは困ったことがあって相談すると、いつも(　　　)なアドバイスをしてくれた。

(6) [ a 順当　b 適当　c 妥当 ]
① 会社の現状を考えると、田中さんの提案が最も(　　　)な案だと思う。
② ラグビー日本選手権の優勝候補チームは皆(　　　)に勝ち進んでいる。
③ 「結婚のことは(　　　)な時期に、皆さんに報告するつもりです。」

### ヒント

(1) **良好な**：経過／結果が～。　**善良な**：～人
(3) **合理的な**：～考え方／方法
(4) **悪質な**：～犯罪　**粗悪な**：～品物
(5) **適格**：必要な資格を満たすこと。この仕事に～人物　cf. **的確な**：～アドバイス
(6) **適当な**：～大きさ／とき
　　**妥当な**：物事の実情によくあてはまって、考え方に無理がないこと。～結果／考え

(7) [ a 紛らわしい    b ふさわしい    c 等しい ]
　① このクラスには同じ姓の人が3人もいて、(　　　)。
　② 2辺の長さが(　　　)三角形を二等辺三角形という。
　③ 今日は、結婚式という祝いの日に(　　　)、いい天気になった。

(8) [ a 不合理だ    b 不当だ    c 無理だ ]
　① 1週間で5か国も見て回るなんて、(　　　)。
　② 簡単な手続きに何枚も書類を書かなければならないのは(　　　)。
　③ 女性だからというだけで、男性より給料が低いのは(　　　)。

(9) [ a 不可欠    b 不要    c 切実 ]
　① 引っ越しをするので(　　　)な物を処分した。
　② 成人病の予防には、栄養のバランスのとれた食事が(　　　)だ。
　③ 初めて海外旅行をして、語学の大切さを(　　　)に感じた。

## b．調子、出来具合

(1) [ a 円満    b 好調    c 順調 ]
　① あの選手は去年は不調だったが、今シーズンはけがもなく(　　　)だ。
　② 私たちのヨットは天候に恵まれて、(　　　)な航海を続けている。
　③ マンションで飼うペットの問題を何とか(　　　)に解決したい。

(2) [ a 平穏    b 無事    c 無難 ]
　① 1人で自転車旅行に出かけた弟が(　　　)に帰ってきて、ほっとしている。
　②「あなたのスピーチの中のこの表現は、誤解される恐れがあるから、避けたほうが(　　　)です。」
　③ この町では事件らしい事件もなく、毎日が(　　　)に過ぎている。

### ヒント

(7)**ふさわしい**：収入に〜生活　彼女に〜男性
(9)**切実な**：〜願い／問題

(1)**好調な**：調子がよいこと。⇔不調　　**順調な**：物事が予定通り進んでいること。
(2)**無難な**：特によくはないが、悪くないこと。〜色

(3) [ a 精巧　b 厳密　c 緻密 ]
① どんなに(　　)に作られたロボットでも、人間の手のようには動かない。
② 食品工場では非常に(　　)な衛生検査が行われている。
③ 旅行はあまり(　　)に計画したものより、余裕のある計画のほうが楽しい。

(4) [ a 親密な　b 精密な　c 密接な ]
① この装置は非常に(　　)部品を使っているので、衝撃や振動に弱い。
② 車や工場から出るガスと、地球温暖化とは(　　)関係がある。
③ A社の社長と政治家の田中氏が(　　)関係だということは知らなかった。

(5) [ a 上等な　b 見事な　c 優秀な ]
① わが校の体操チームは全日本体操競技会で、(　　)演技をして優勝した。
② 中国語のスピーチ大会で(　　)成績をあげた学生たち3人は、2週間の中国旅行に招待されることになっている。
③ 友人の病気が治ったのを祝って、フランスの(　　)ワインで乾杯した。

(6) [ a 手薄　b 粗末　c 貧弱 ]
① あの小さくて(　　)な家に住む老人が有名な作家だと聞いて驚いた。
② 泥棒は会社の警備が(　　)な時間をねらって侵入したらしい。
③ これは作家志望の若者が書いたものだが、想像力も語彙も(　　)で、出版は難しいだろう。

(7) [ a 画一的　b 対照的　c 相対的 ]
① 業界全体の売り上げが伸び悩んでいる中で、(　　)に見てわが社は好成績をあげていると言ってよい。
② 社交的な兄と(　　)に、弟は無口でおとなしい。
③ 子供の個性を無視した(　　)な教育は見直されようとしている。

> **ヒント**
> (3) **精巧な**：〜時計／機械　　**厳密な**：〜検査　〜に言う　　**緻密な**：〜作業
> (4) **親密な**：互いに仲がいいこと(人と人)。　**密接な**：深い関係にあること(国、物事)。〜つながり
> (6) **粗末な**：物について、その品質が劣っていること。
> 　　**貧弱な**：物以外にも大きさや内容が十分でないことに使う。〜体つき

## c. 強弱

(1) [ a 強固  b 屈強  c 強力 ]
① 知事は選挙で県民の支持を得て、公約のプロジェクトを(　　　)に押し進めた。
② 彼等が何年にもわたる厳しい裁判に勝つことができたのは、決して諦めないという(　　　)な意志があったからだ。
③ 車のタイヤが溝にはまって動かなくなったとき、(　　　)な若者が現れて助けてくれた。

(2) [ a 力強い  b 手ごわい  c 根強い ]
① スポーツ大会は選手代表の(　　　)挨拶で始まった。
② 今度の対戦相手は全国大会で優勝したこともある(　　　)チームだ。
③ この製品は30年前に売り出された物だが、今でも(　　　)人気がある。

(3) [ a 荒い  b きつい  c 激しい ]
① 台風が近づいて、(　　　)雨が降っている。
② 今日は風が強くて波が(　　　)から、泳がないほうがいい。
③ 田中課長は言い方は(　　　)が、部下への思いやりがある人だ。

(4) [ a か弱い  b ひ弱な  c 軟弱な ]
① 自分の言いたいことも言えず、上司の言うままに動くなんて(　　　)人だ。
② 妹は小さい頃は病気がちで(　　　)子供だったが、水泳を始めてからとても元気になった。
③ (　　　)子供や女性にこんな重い荷物を持たせるのは無理だ。

### ヒント

(1) **強固な**：～信念／守備　～に反対する　　**屈強な**：～体／人
(2) **手ごわい**：強くて油断できないこと。～相手／敵
(4) **ひ弱な**：体が弱いこと。～子供　　**軟弱な**：～男／精神／地盤

### d. 形状

(1) [ a 平らな　b 滑らかな　c 平たい ]
① 魚を煮るときは(　　)鍋を使うと、きれいにできる。
② ここからは(　　)道が続いているので歩きやすい。
③ 日曜大工で、椅子を作った。仕上げに磨いたら(　　)表面になった。

(2) [ a 鋭い　b 険しい　c 細長い ]
① 日本アルプスには(　　)山々がそびえている。
② ナイフの(　　)刃先を見ていると、怖くなってくる。
③ 日本は南北に(　　)ので、南と北では気温の差が大きい。

(3) [ a なだらかな　b 平坦な　c 緩やかな ]
① 私が育った町は(　　)丘が続く緑豊かな所だ。
② 少年が投げたボールは(　　)カーブを描いて落ちていった。
③ 夜行列車は(　　)原野を一晩中走り続けた。

### e. 速い・遅い／多い・少ない

(1) [ a かすかな　b ささやかな　c 細かい ]
① 彼の(　　)楽しみは、仕事が終わってから飲む一杯のビールだ。
② 山道で迷い、道を探していたら、遠くに(　　)光が見えた。
③ 今日は一日中(　　)雨が降っている。

(2) [ a すばしこい　b のろい　c すばやい ]
① 大やけどをしたが、(　　)適切な処置のおかげで命が助かった。
② いたずらをした子を注意しようとしたら、(　　)子で、もう逃げていなかった。
③ 弟は朝のしたくが(　　)ので、いつも母に叱られている。

---

**ヒント**

(1) **平らな**：高低や起伏がないこと。～地形　　**平たい**：厚さが少なく、横に広がっていること。～箱
(3) **なだらかな**：傾斜が急でないこと。～坂／山⇔険しい
　　**緩やかな**：曲がり方、動きが急でないこと。～川の流れ／景気の回復

(1) **かすかな**：～声／音　　**ささやかな**：～幸せ／プレゼント
(2) **すばしこい**：小動物や子供などの動きが速いこと。　　**すばやい**：～判断／処置

(3) [ a 絶大な　b おびただしい　c 莫大な ]
① 冬になると、この湖には(　　)数の白鳥がやってくる。
② 彼は社長から(　　)信頼を得ている。
③ 彼はお父さんの(　　)遺産を相続した。

(4) [ a 狭い　b 狭苦しい　c 窮屈だ ]
① この道は(　　)から、車に注意して通りなさい。
② 6畳の部屋にこんなに家具を置くと(　　)。
③ 太ったので、3年前に作ったこの洋服は(　　)。

(5) [ a 慌ただしく　b 目まぐるしく　c 手早く ]
① 彼女は仕事から帰ると、(　　)料理をして子供たちに食べさせた。
② 電話が終わると、彼は(　　)部屋を出て行った。
③ 最近、(　　)流行が変わるので、どんな服を買ったらいいかわからない。

(6) [ a 多様　b 多彩　c 一様 ]
① 高齢者の考えを(　　)に古いと決めつけることはできない。
② 留学生との交流を通して、世界には(　　)な価値観を持つ人々がいるということを実感した。
③ K氏の出版記念会には、作家仲間から政治家まで、(　　)な人々が集まった。

(7) [ a 手短　b 手近　c 手軽 ]
① 「忙しい朝でも(　　)に作れる朝食をご紹介しましょう。」
② 「時間がないので、(　　)に説明します。」
③ このアクセサリーは特別な道具や材料がなくても(　　)な物で出来るので、作ってみたい。

### f．特異・平凡

(1) [ a 単調な　b 月並みな　c 単純な ]
① 急にスピーチを頼まれたが、緊張して(　　)ことしか言えなかった。
② この問題は一見複雑に見えるが、実は(　　)計算式で解ける。
③ 若い人は、田舎町の変化のない(　　)生活にはすぐ飽きてしまうだろう。

> **ヒント**
> (1) 単調な：変化がないこと。～仕事／生活／リズム
> 　　単純な：機能、形式が複雑ではないこと。～仕事／理由／計算

(2) [ a 異様な　b 型破りな　c 特異な ]
① 化学薬品工場で火事があり、辺りに(　　　)においが立ち込めた。
② 彼は皮膚が弱く、太陽光線の刺激にも耐えられないという(　　　)体質だ。
③ 祖父は若い頃から常識の枠におさまらない、(　　　)人だったそうだ。

### g. その他

(1) [ a 容易　b 安易　c 平易 ]
① 面倒な仕事を(　　　)に引き受けてしまって、今になって後悔している。
② 仕事をしながら勉強を続けるのは(　　　)なことではない。
③ この本は難しい哲学の問題をわかりやすい(　　　)な言葉で書いてある。

(2) [ a うつろな　b 空しい　c はかない ]
① 長年の努力が無駄になり、(　　　)思いでいっぱいだ。
② その人は疲れ果てて、生きる希望もなくしたかのような(　　　)目をしていた。
③ 昨日まで元気に走り回っていた子供が一瞬の事故で亡くなった。人の命は(　　　)ものだ。

(3) [ a 若々しい　b 幼い　c 若い ]
① 短い時間でも、(　　　)子供を車に残したまま買い物するのは危険だ。
② このゲームは(　　　)人からお年寄りまでみんなが楽しめる。
③ 彼女はもう60歳を過ぎているが、今でもきれいで(　　　)。

(4) [ a 軽々しい　b スポーティーな　c 軽やかな ]
① 彼女は何かうれしいことがあったらしく(　　　)足取りでやってきた。
② 国民への影響が大きいので、政治家は(　　　)言動は慎まなければならない。
③ 活動的な彼女はいつも(　　　)格好をしている。

### ヒント

(1) **容易な**：～に解ける問題　　**安易な**：～生き方／行動　～に考える
(2) **うつろな**：ぼんやりしていて物事を考える力のない様子。～目／心
　　**空しい**：ある行為などの成果が現れないこと。～生活　～く日を送る
(3) **若々しい**：見た目や考え方が若く見えること(実際に若い人にも使う)。～声
(4) **軽々しい**：よく考えないで行動すること。～ふるまい　～く口にする
　　**軽やかな**：動きが軽く感じられて気持ちがいいこと。～歩き方／ステップ

## 練習問題 ②

◆次の言葉の使い方として最もよいものを、1・2・3・4から1つ選びなさい。

(1) わずかな
1. 10年も住んでいた日本を離れるのは、わずかに寂しい。
2. 山で遭難した人たちは、わずかな食料をみんなで分け合って食べていたそうだ。
3. 電灯もない、暗い田舎道を歩いていたら、遠くからわずかな声が聞こえてきた。
4. 「開店は10時からなので、すみませんがわずかにお待ちください。」

(2) いびつな
1. 今、流行しているのかもしれないが、彼女はいびつなファッションをしている。
2. 毎朝ジョギングをしているが、道がいびつなので走りにくい。
3. 大事にしていた帽子を妹に踏まれて、形がいびつになってしまった。
4. この椅子は、脚の長さがいびつで座りにくい。

(3) 強大な
1. 新薬が開発され、治療に強大な効果が現れている。
2. 彼は弁護士として弱者の役に立ちたいという強大な信念を持っている。
3. 大統領の周りには、いつも強大なボディーガードが立っている。
4. この地方では、A氏が強大な権力を持っていた。

(4) 乏しい
1. 子供の頃は家が乏しくて、欲しいものが買ってもらえなかった。
2. 今月はお金を使いすぎたので、乏しい生活をしなければいけない。
3. 今回の災害の被災者に対して、金額は乏しいが気持ちだけでも寄付することにした。
4. 日本は資源が乏しく、エネルギーの大半を輸入に頼っている。

(5) 立派な
1. 丘の上にある立派な建物は、政治家のAさんの家だということだ。
2. 窓を開けると、目の前に立派な景色が広がっていた。
3. 隣の家の庭には、立派な色のチューリップが咲いている。
4. 私が悩んでいるとき、彼はいつも立派なアドバイスをしてくれる。

(6) すてきな
1. 彼の奥さんは笑顔がさわやかで、すてきな人だ。
2. 健康のためには、週に3回はすてきな運動をしたほうがいいそうだ。
3. 質問の意味がよくわからなかったので、すてきに答えておいた。
4. 今まで頑張ってきたのに、諦めてしまうとは、すてきな人だ。

(7) 猛烈な
1. この画家の絵は、どれも原色の猛烈な色彩が使われている。
2. 高度成長期の日本では、誰もが朝から晩まで猛烈に働いていた。
3. 彼はささいなことですぐに泣いたり怒ったりする、猛烈な性格だ。
4. 弟はおとなしすぎるから、もっと猛烈になったほうがいい。

(8) すばらしい
1. いつも笑顔の佐藤さんが、今日はすばらしく不機嫌だ。
2. 外国の市場には、日本では見られないすばらしい種類の野菜がたくさん並んでいる。
3. この工場の職人は、誰にもまねのできないすばらしい技術を持っている。
4. 今日は大事な書類はなくすし、財布は落とすし、すばらしい一日だった。

(9) シャープな
1. 彼はとてもシャープな性格で、初対面の人と話すのが苦手だ。
2. 今度、社長に就任するAさんは、シャープな頭脳を持った人だという噂だ。
3. この先のシャープな坂を上っていくと、海が見える。
4. あの人は、時間にシャープなところが評価されている。

---

### コラム

**味を表す言葉**

次の言葉は味を表す形容詞ですが、別の意味もあります。
適当な言葉を選び、（　　）に入れましょう。

| 甘い　　うまい　　しつこい　　渋い　　苦い |
|---|

A：どうしたんですか、（①　　　　）顔をして。
B：お金をだまし取られてしまったんです。今、投資すれば10倍になると言われて。
A：そんな（②　　　　）話があるわけがありませんよ。
B：あまりに勧誘が（③　　　　）ので、つい断りきれなくて。それに私も昔から考えが（④　　　　）ところがあるんです。
A：（⑤　　　　）経験をしましたね。これからは気をつけてください。

## 長文問題

◆ _____ の中から適当な言葉を選び、必要なら形を変えて(　　)に入れなさい。同じ言葉は1回しか使いません。

### I

私には兄が1人いるが、私たちは性格が全く違う兄弟だ。兄は約束の時間に遅れたことがない（①　　　）性格で、私はいつも待たせてしまう（②　　　）性格だ。兄は病気ばかりしている（③　　　）子供だったが、私は体が（④　　　）で、一日中外で遊び回っていた。それで、子供の頃から私は積極的で活発だったが、兄は反対に（⑤　　　）で（⑥　　　）。

また、兄は（⑦　　　）性格で、人の意見もよく聞くが、私は（⑧　　　）で自分の意見を変えなかった。大人になった今でもこの性格は変わらず、いまだに私は友達とけんかばかりしているが、兄は（⑨　　　）で怒ったことがない。

このように何もかも（⑩　　　）二人だが、なぜか気が合って、とても仲がいい。

| おとなしい | 温和な | 頑固な | 几帳面な | 消極的な |
| 丈夫な | 素直な | 対照的な | だらしない | ひ弱な |

### II

私は去年、3か月の研修期間の後、小さな出版社に（①　　　）採用された。

社員は20人で、女性編集長は50歳には見えないぐらい（②　　　）。この出版社の主力商品であるファッション雑誌が若い女性に支持され、年々売り上げが（③　　　）伸びている。ファッション誌の編集というと（④　　　）仕事だと思われるが、実際は地味な作業が多く、時間も不規則で大変だ。

入社してしばらくはコピーとか書類の整理など、同じことの繰り返しで（⑤　　　）仕事ばかりだった。記事を書いたり、取材に飛び回っている先輩が本当に（⑥　　　）と思ったものだ。今では記事も少しは書けるようになったが、小さい会社なので雑用が多く、目が回るほど忙しい。

毎日、時間に追われる（⑦　　　）生活だが、節約のために自分で料理をしている。短時間で（⑧　　　）作れるものばかりなので、たまに学生時代の友達とおいしいものを食べるのが（⑨　　　）楽しみだ。会社では人間関係が（⑩　　　）こともあるが、学生時代の友人は気を遣わなくてもいいので（⑪　　　）だ。

| 慌ただしい | 羨ましい | 若々しい | 煩わしい | 気楽な | ささやかな |
| 順調な | 正式な | 単調な | 手軽な | 華やかな |

# 4 ▶ 副詞

## a．感覚、感情

| | | | | | | |
|---|---|---|---|---|---|---|
| いらいら | うっかり | うんざり | がっかり | かっと | ぎょっと | じいんと |
| しみじみ | すっきり | ぞっと | そわそわ | つくづく | どきどき | のんびり |
| はっと | はらはら | びくびく | びっくり | ふと | へとへと | ぼうぜんと |
| ほっと | ぼんやり | むしゃくしゃ | わくわく | | | |

## b．様子、状態

| | | | | | |
|---|---|---|---|---|---|
| あっさり | がっしり | きちんと | きっちり | きらきら | ぎらぎら |
| きらり | ぐっすり | ぐったり | げっそり | ごちゃごちゃ | ざあざあ |
| ざらざら | しっかり | しっとり | じめじめ | ずっしり | すべすべ |
| すやすや | すらりと | ずらりと | そよそよ | つやつや | でこぼこ |
| びっしょり | ぴったり | ほっそり | めちゃくちゃ | ゆっくり | |

## c．行為、動き

| | | | | | | |
|---|---|---|---|---|---|---|
| あえて | あくまで | いたずらに | 一斉（いっせい）に | うとうと | うろうろ | 思（おも）い切（き）り |
| 勝手（かって）に | がっくり | きっぱり | ぐらぐら | ぐるぐる | ぐんぐん | こっそり |
| ことさら | ころころ | ごろごろ | さっさと | さっと | 強（し）いて | しくしく |
| じっくり | じろじろ | すいすい | すくすく | ずばり | すらすら | せっかく |
| せっせと | 続々（ぞくぞく）と | そっと | 着々（ちゃくちゃく）と | 次々（つぎつぎ）に | てきぱきと | どっと |
| にやにや | ばったり | ひそひそ | ひらひら | ふらふら | ぶらぶら | ぷりぷり |
| ぶるぶる | まごまご | 自（みずか）ら | めっきり | ゆうゆうと | ゆらゆら | わざと |
| わざわざ | | | | | | |

## d．時、頻度

| | | | | | | |
|---|---|---|---|---|---|---|
| あっけなく | あらかじめ | いきなり | いずれ | 一度（いちど）に | 一気（いっき）に | |
| いつの間（ま）にか | 今（いま）さら | いまだに | 今（いま）に | 今（いま）にも | いよいよ | |
| かつて | 必（かなら）ずしも | かねて | 再三（さいさん） | さっそく | さらに | |
| じきに | しきりに | 次第（しだい）に | しょっちゅう | すでに | 速（すみ）やかに | |
| 絶（た）えず | 直（ただ）ちに | たちまち | たまたま | たまに | 近々（ちかぢか） | つい |
| ついに | 通常（つうじょう） | 常（つね）に | とうとう | とっくに | とっさに | |
| とりあえず | にわかに | ひとまず | 日（ひ）に日（ひ）に | 普段（ふだん） | また | |
| めったに | もっと | もはや | やっと | ようやく | ろくに | |

## e. 程度、数量

| | | | | | | |
|---|---|---|---|---|---|---|
| 一段(いちだん)と | いかにも | いたって | いやに | うんと | 大(おお)いに | およそ |
| かなり | かろうじて | 完全(かんぜん)に | 実(じつ)に | ずっと | 十分(じゅうぶん)に | ずいぶん |
| 少(すく)なくとも | すっかり | すべて | せめて | 相当(そうとう) | たった | たっぷり |
| ちっとも | ちょうど | とても | なかなか | 何(なん)でも | 残(のこ)らず | 比較的(ひかくてき) |
| ひたすら | ひとえに | まさに | 全(まった)く | まるっきり | まるで | もっぱら |
| やたらに | 割(わり)に | やや | 余計(よけい)に | | | |

## f. 判断、希望、仮定

| | | | | | | |
|---|---|---|---|---|---|---|
| 案外(あんがい) | 案(あん)の定(じょう) | いっそ | 一体(いったい) | おそらく | かえって | |
| 必(かなら)ず | きっと | 仮(かり)に | くれぐれも | さすが | さぞ | |
| たとえ | てっきり | どうか | どうせ | どうやら | とかく | |
| とにかく | 何(なに)しろ | 何分(なにぶん) | なんと | 何(なん)とか | 何(なん)となく | |
| 果(は)たして | ひょっとしたら | まあまあ | まさか | 万一(まんいち) | むしろ | |
| 無論(むろん) | もしかすると | もしも | もちろん | やはり | | |

## g. その他

| | | | | | |
|---|---|---|---|---|---|
| 一応(いちおう) | 一切(いっさい) | 一般(いっぱん)に | お互(たが)いに | 思(おも)い思(おも)いに | かわるがわる |
| 交互(こうご)に | 離(はな)れ離(ばな)れに | ばらばらに | | | |

## 練習問題 ①

◆ [　　] から適当な言葉を選んで(　　)に入れなさい。

### a．感覚、感情

(1) [ a うっかり　　b のんびり　　c ぼんやり ]
① 大事な書類を(　　)タクシーの中に忘れてきてしまった。
② 授業中、(　　)外を眺めていたら、先生に注意されてしまった。
③ 疲れたので温泉へでも行って、(　　)したい。

(2) [ a かっと　　b はっと　　c ぞっと ]
① 加藤さんがパーティーに着物で現れたとき、その美しさに(　　)した。
② 友達があまり自分勝手なことばかり言うので、つい(　　)なった。
③ トラックと衝突しそうになった。大事故になっていたらと思うと、(　　)した。

(3) [ a じいんと　　b しみじみ　　c つくづく ]
① 親友が急死して、人間の命のはかなさを(　　)感じた。
② 仕事上のトラブルが続き、この仕事が(　　)嫌になった。
③ 貧しいながら家族で助け合ってきた友達の話を聞いて、(　　)胸にせまるものがあった。

(4) [ a むしゃくしゃ　　b びっくり　　c すっきり ]
① 家を出るとき母と口げんかしたので、一日中(　　)していた。
② 秘密にしていたことを友人に告白したら、(　　)した。
③ 夜中に隣の部屋から大きい音がしたので、(　　)して飛び起きた。

(5) [ a がっかり　　b へとへと　　c うんざり ]
① 山田さんの自慢話を何度も聞かされて、みんな(　　)している。
② 楽しみにしていたコンサートが突然中止になり、(　　)した。
③ 営業の仕事で、一日中歩き回っていたので、(　　)になった。

### ヒント

(2) **はっと**：急に思いついたり、思いがけないことに驚いたりする様子。～気がつく　～する
　　**ぞっと**：恐ろしくて震えそうになること。～する話
(3) **じいんと**：感動して胸が締めつけられたり、涙が出そうになったりする様子。胸に～くる　～する
　　**しみじみ**：心に深く感じる様子。～感じる／思う／語る
　　**つくづく**：よくよく考えるとそうなんだと思う様子。～思う　今の生活が～嫌になる
(4) **むしゃくしゃ**：嫌なことがあって気分が晴れず、いらいらする様子。

(6) [ a そわそわ   b いらいら   c わくわく ]
　① 注文した家具が届くのを(　　)しながら待っている。
　② 兄は初めての子供が生まれるのを立ったり座ったり、(　　)して待っている。
　③ 約束の時間を30分も過ぎたのに、友達が来ないので(　　)して待っている。
(7) [ a びくびく   b はらはら   c どきどき ]
　① 弟は、うそをついたことを父に叱られるのではないかと(　　)している。
　② スピーチの順番が近づいてくると、緊張で心臓が(　　)した。
　③ 息子は高い所から飛び下りたりして、危ないことばかりするので、いつも(　　)させられる。

### b．様子、状態

(1) [ a ほっそりと   b ずらりと   c すらりと ]
　① 最近の若者の足は、長くなって(　　)伸びている。
　② 教授の研究室には、分厚い法律関係の本が(　　)並んでいる。
　③ 彼女の(　　)した指には、この指輪がよく似合う。
(2) [ a ぴったり   b しっかり   c きっちり ]
　① 私の予想が(　　)当たって、昨日の試合は3—0でAチームが勝った。
　② 食器や瓶など、壊れやすい物を送るときは、すき間に新聞紙などを(　　)詰めるといい。
　③ 10年ぶりにあった友人は、私の手を(　　)握って離さなかった。
(3) [ a ざらざら   b でこぼこ   c すべすべ ]
　① 赤ちゃんの肌は柔らかくて(　　)している。
　② 家の前の道は(　　)していて、歩きにくい。
　③ 窓を開けていたら砂ぼこりが入って、机の上が(　　)している。

#### ヒント

(1) **ほっそり**：やせて細い様子。～した指／足／首／人
　　**すらりと**：細くて長く、形のいい様子。～背が高い　～伸びた手足　～した人
(2) **ぴったり**：物と物とがよく適合する様子。サイズが～合う　窓を～閉める
　　**しっかり**：かたく、確実な様子。靴のひもを～結ぶ　～勉強する　～した人／考え
　　**きっちり**：正確に合っていて、余りのない様子。～1,000円払う

(4) [ a しっとり  b あっさり  c きらり ]
① 暑いときには(　　　)したものが食べたい。
② 夜中に雨が降ったらしく、庭の芝生が(　　　)ぬれていた。
③ その人は笑ったとき、白い歯が(　　　)と光るのが印象的だった。

(5) [ a ざあざあ  b じめじめ  c そよそよ ]
① 早朝から雨が(　　　)降っていたので、スポーツ大会は中止になった。
② 梅雨時は(　　　)して、洗濯物が乾きにくい。
③ 今日は五月晴れで、風も(　　　)吹いて、気持ちがいい。

(6) [ a ぎらぎら  b つやつや  c きらきら ]
① 山小屋の窓から夜空を見上げたら、たくさんの星が(　　　)輝いていた。
② (　　　)照りつける太陽がまぶしいので、サングラスをかけた。
③ この牧場の馬は毛並みがよくて、(　　　)している。

(7) [ a ぐっすり  b げっそり  c すやすや ]
① さっきまで大泣きしていた赤ちゃんが、今は(　　　)眠っている。
② 入試が終わったので、ゆうべは久しぶりに(　　　)眠れた。
③ 心配事があり、食事ものどを通らないので、(　　　)痩せてしまった。

## c．行為、動き

(1) [ a にやにや  b しくしく  c ぷりぷり ]
① 妹は母に叱られたらしく、部屋で(　　　)泣いている。
② 電車の中で友達の冗談を思い出して(　　　)していたら、周りの人から変な目で見られた。
③ 約束の時間に1時間も遅れていったら、友達は(　　　)していた。

> **ヒント**
> (6) **ぎらぎら**：異様なほど強く光る様子。獲物を狙うライオンの目は〜光っている
> 　　**きらきら**：美しく光る様子。〜輝く瞳　〜光る宝石　海面が〜光る
> (7) **ぐっすり**：深く眠っている様子。「ぐっすり寝た」のように行為を表すときも使う。
> 　　**すやすや**：赤ちゃんや小さい子供が静かに気持ちよさそうに寝ている様子。

(2) [ a 勝手に　　b あえて　　c 自ら ]
① 山田さんは(　　　)進んで人の嫌がる仕事を引き受けてくれた。
② いくら山が好きでも、吹雪の中を(　　　)登山するなどという危険を冒すことはない。
③ 「この新聞はみんなが読みますから、(　　　)自分の部屋へ持っていかないでください。」

(3) [ a ずばり　　b こっそり　　c きっぱり ]
① 友人から多額の借金を頼まれたが、(　　　)断った。
② 自分の弱点を友人から(　　　)と指摘されて、どきっとした。
③ 両親を驚かそうと、二人の結婚記念日のお祝いを(　　　)準備した。

(4) [ a わざと　　b いたずらに　　c わざわざ ]
① 娘が無断で外泊したからといって、(　　　)騒ぎ立てないほうがいい。
② 田中さんは私の忘れ物を、(　　　)私の家まで届けてくれた。
③ 本当は好きなのに、(　　　)冷たい態度をとることがある。

(5) [ a せっかく　　b ことさら　　c あくまで ]
① スピーチだからといって、(　　　)大声を出さなくてもいい。
② 久しぶりに顔を見ようと(　　　)祖父母の家へ行ったのに、留守だった。
③ 彼はどんなに批判されても、正しいと思ったことは(　　　)主張する人だ。

(6) [ a じっくり　　b 思い切り　　c 強いて ]
① 鈴木さんはいい人だ。(　　　)欠点をあげれば、冗談が通じないことだ。
② 試験が終わったら、(　　　)遊びたい。
③ 友達に悩みを(　　　)聞いてもらって、気持ちがすっきりした。

(7) [ a ゆうゆうと　　b せっせと　　c てきぱきと ]
① 両親が(　　　)働いて送ってくれたお金だから、無駄には使えない。
② 今年入社した田中さんは(　　　)仕事をしてくれるので助かる。
③ インドに行くと、牛が(　　　)道を歩いているのが見られる。

### ヒント

(3) **ずばり**：言いにくいことをはっきり言ったり、的確に言い当てたりする様子。
　　**きっぱり**：はっきり断ったり、やめたりするときに使う。タバコを〜やめる
(4) **いたずらに**：お金や時間、労力を無駄に使う様子。〜時間を費やす
(7) **せっせと**：勤勉に絶えず努力する様子。〜貯金する
　　**てきぱきと**：手早く、適確に用件を片付ける様子。〜指示を出す　〜した人

(8) [ a がっくり　b ばったり　c ずっしり ]
① 試合が終了すると、敗れたチームの選手たちは(　　)肩を落とした。
② A選手はマラソン大会でゴールしたとたん、(　　)倒れた。
③ 誰かが置き忘れたかばんを持ち上げてみたら、(　　)重かった。

(9) [ a そっと　b さっと　c さっさと ]
① 込んだ電車にお年寄りが乗ってきたら、若い男性が(　　)立って席を譲った。
②「いつまでもテレビを見ていないで、(　　)宿題を済ませてしまいなさい。」
③ 用事があったので、講演の途中で、(　　)席を立って会場を出た。

(10) [ a すくすく　b すらすら　c すいすい ]
①「田舎に引っ越して5年、自然の中で子供たちも(　　)育っています。」
② ジョンさんは難しい漢字ばかりの新聞記事を(　　)読んで、みんなを感心させた。
③ 渋滞した車の間を1台のオートバイが(　　)走っていった。

(11) [ a ころころ　b ぐるぐる　c ごろごろ ]
① 待ち合わせの場所が分からなくて、駅の周りを何度も(　　)回って探した。
② 財布から落ちた百円玉が、(　　)転がってどこかへ行ってしまった。
③ 大雨で山から大きな岩が(　　)落ちてきて、怖かった。

(12) [ a ふらふら　b ぶらぶら　c ひらひら ]
① 高熱のため、立ち上がると(　　)して歩けない。
② 天気がいいので川沿いの道を(　　)歩いていたら、隣町まで来てしまった。
③ 風が吹いて桜の花びらが(　　)散る様子は、まるで雪のようだ。

**ヒント**

(8) **がっくり**：失望や疲れのために、急に弱まる様子。～首をたれる　妻を亡くして～する
　　**ばったり**：予期しないことが突然起こること。駅で友達と～会う　連絡が～途絶える
(9) **さっと**：動作が速い様子。～通り過ぎる
　　**さっさと**：仕事や作業を速くする様子。友達を待たずに～帰ってしまう
(10) **すらすら**：途中で止まらず滑らかに進む様子。問題を～解く　質問に～答える
　　**すいすい**：軽々と、気持ちよさそうに進む様子。～泳ぐ　トンボが～飛ぶ
(11) **ごろごろ**：大きい物が転がる様子。岩が～落ちる　何もせずに寝転んでいる様子。仕事もせず～している
(12) **ぶらぶら**：目的なく気楽に歩く様子。～歩く　仕事をしないでいる様子。仕事をやめて～する
　　**ひらひら**：薄く平たい物が軽く揺れる様子。リボンが～する

(13) [ a ぶるぶる　　b ゆらゆら　　c ぐらぐら ]
① 誰もいない湖で、岸につながれたボートが(　　)揺れていた。
② 地震で家が(　　)揺れたので、びっくりして飛び起きた。
③ 子猫が雨にぬれて(　　)震えているのを見て、うちに連れて帰った。

(14) [ a めっきり　　b ぐんぐん　　c どっと ]
① 人気歌手の野外コンサートにファンが(　　)押しかけて、大混乱になった。
② 父は仕事をやめてから(　　)年をとったように感じる。
③ 最終走者の太郎君は前のランナーを抜き、(　　)その差を広げていった。

(15) [ a 続々と　　b 次々に　　c 着々と ]
① 彼は来年大学院を受けるための準備を(　　)進めている。
② 海岸のごみを拾うボランティアを募集したところ、子供からお年寄りまで、(　　)人が集まってきた。
③ 婚約会見をした女優は、記者から(　　)質問され、にこやかに答えていた。

## d．時、頻度

(1) [ a 絶えず　　b 常に　　c しきりに ]
① この部屋の温度は(　　)18度に保たれている。
② 家の前は幹線道路で、(　　)大型トラックが走っている。
③ 犬が(　　)ほえるので外に出てみると、知らない男の人が立っていた。

### ヒント

(13) **ゆらゆら**：様々な物がゆっくり揺れる様子。ローソクの火が〜する

(14) **めっきり**：変化がはっきりしている様子。〜涼しくなる　〜衰える
　　**ぐんぐん**：よい方向に勢いよく進む様子。背／成績が〜伸びる
　　**どっと**：一度にたくさん人やものがやって来る様子。人／申し込みが〜押し寄せる　〜疲れが出る

(15) **続々と**：続けてたくさん来る様子。人／申し込みが〜集まる
　　**次々に**：間をおかずに続けてくる様子。問題が〜起こる

(1) **絶えず**：途切れずに続く様子。〜湧き出る水／流れる時間
　　**しきりに**：回数が多い様子。〜せきをする

(2) [ a しょっちゅう　b 通常　c 普段 ]
① 「当社の業務は(　　　)9時から5時までとなっております。」
② 敬語は(　　　)から使い慣れていないと、急には使えない。
③ よし子さんは授業中おしゃべりをして(　　　)先生に叱られている。

(3) [ a 再び　b 再三　c また ]
① 「今日はとても楽しかったです。(　　　)遊びに来てくださいね。」
② 彼は18歳で故郷を出て、(　　　)帰ることはなかった。
③ 空き地に捨ててあるごみの処分を(　　　)市に頼んだが、1年以上そのままだ。

(4) [ a たまたま　b めったに　c たまに ]
① 就職してからは忙しくて、学生時代の友人とは(　　　)会えなくなった。
② 休日は(　　　)買い物に行くくらいで、たいてい家でごろごろしている。
③ 友人にパーティーに誘われ、(　　　)その日は空いていたので、行くことにした。

(5) [ a じきに　b とっさに　c 直ちに ]
① 「雨は(　　　)やむと思うから、しばらくここにいよう。」
② 首相はホワイトハウスに到着後、(　　　)首脳会談に入った。
③ 朝寝坊して遅刻したが、先生に理由を聞かれて(　　　)うそをついてしまった。

(6) [ a さっそく　b あっけなく　c たちまち ]
① A選手は国際大会で優勝が期待されていたが、初戦で(　　　)負けてしまった。
② 人気歌手のAが駅前でライブをしたら、(　　　)100人以上の人が集まった。
③ 新しく出来たレストランは評判がいいので、(　　　)行ってみるつもりだ。

**ヒント**

(2) しょっちゅう：回数が多い様子(話し言葉)。〜遅刻する

(3) 再び：「また」より改まった言い方。

(5) じきに：時間があまりたたないうちに物事が行われること。もうすぐ　　とっさに：反射的に反応したり行動したりすること。　　直ちに：非常に短い時間に何かを行うこと。

(6) さっそく：意識的な動作に使う。　　たちまち：話者の意志が含まれる場合には使わない。

(7) [ a 近々　b 今にも　c 今に ]
① あの2人は(　　　)ハワイで結婚式を挙げるそうだ。
②「自分勝手なことばかりしていると、(　　　)友達が1人もいなくなるよ。」
③ 空が暗くなって、(　　　)雨が降り出しそうだ。

(8) [ a いずれ　b 次第に　c 日に日に ]
① 卒業したら日本で就職するが、(　　　)国へ帰って仕事をするつもりだ。
②「明日は(　　　)雲が多くなり、午後には雨が降るでしょう。」
③ 株価は(　　　)変化しているので、株式市場から目が離せない。

(9) [ a 一斉に　b 一気に　c 一度に ]
① 登りは何度も休みながら行ったが、下りはふもとまで(　　　)駆け下りた。
② この鍋は大きいので、(　　　)たくさん料理を作ることができる。
③ スタートの合図で、マラソンランナーたちは(　　　)走り出した。

(10) [ a いまだに　b すでに　c もはや ]
① 会社が倒産したときに助けてくれた友人の親切は、(　　　)忘れることができない。
②「(　　　)お知らせしたように、A大学の推薦申し込みの締め切りは明日です。」
③ これだけ証拠があるのだから、彼が犯人であることは(　　　)疑いようがない。

(11) [ a やっと　b いよいよ　c とうとう ]
① かわいがっていた犬が病気になって心配していたが、(　　　)死んでしまった。
② 友達と遊んでいたら12時近くになってしまい、急いで走って(　　　)終電に間に合った。
③ (　　　)明日からゴールデンウィークだ。大いに楽しもう。

### ヒント

(7) **近々**：近い将来に予定されていること。　**今にも**：今すぐに何か起こりそうなこと。～泣き出しそうな顔　**今に**：いつか近い未来に。「近々」と比べ、時期は明確ではない。

(10) **すでに**：過去のある時点でそのことが成立していることを表す。
　　**もはや**：現時点でそのことが成立していることを表す。

(11) **やっと**：長い時間や苦労の後、望む結果が得られること。
　　**いよいよ**：予期していたある特別な事態が起こること。
　　**とうとう**：時間がたってある状態になること。よい結果、悪い結果両方に使える。

(12) [ a ついに　b いつの間にか　c ようやく ]
① 日本人の友達ができたら、(　　)日本語が上手になってきた。
② 2年間浪人して、(　　)志望校に合格した。
③ エベレストに3回挑戦したが、(　　)登頂できなかった。

(13) [ a ろくに　b めったに　c 必ずしも ]
① 弟は法律のことは(　　)知らないのに、専門家のようなことを言う。
② 遅刻など(　　)しない木村さんが、約束の時間を過ぎても来ないので、皆心配している。
③ 学校の成績がよかった人が、(　　)社会に出て成功するとは限らない。

(14) [ a かねて　b かつて　c あらかじめ ]
①「会議に出席する方は、(　　)この資料をお読みください。」
② 私が(　　)から欲しいと思っていた絵を手に入れることができた。
③ この本は(　　)読んだことがあるが、内容はすっかり忘れてしまった。

(15) [ a とりあえず　b ひとまず　c つい ]
① ダイエット中なのに、おいしそうなケーキを見ると(　　)食べてしまう。
② 8時からの集まりまで時間があるので、(　　)家へ戻ってから、また出かけることにした。
③ 入場できるかどうかは分からないが、(　　)列に並んで様子を見よう。

(16) [ a 速やかに　b いきなり　c にわかに ]
① 昼間は暑かったのに、日が沈むと(　　)寒くなってきた。
② 準備運動をしないで(　　)プールに飛び込むのは、体によくない。
③ 非常ベルが鳴ったら、落ち着いて、(　　)避難してください。

> **ヒント**
>
> (12) **ついに**：いろいろなことがあった後、1つの結果が出ること。よい結果、悪い結果両方に使える。
> 　　　**ようやく**：待ち望んでいたことが、遅くなったが実現すること。
> (13) **ろくに**：十分でないこと。「ろくに…ない」の形で使う。〜見ないで買って失敗した
> 　　　**めったに**：回数が少ないことを表す。「めったに…ない」の形で使う。テレビは〜見ない
> (14) **かねて**：以前から今までずっと。〜よりの約束
> 　　　**かつて**：以前。〜ないほどの大災害
> (15) **とりあえず**：応急的にまずそれをすること。
> 　　　**ひとまず**：次の行動をする前に、1つの区切りをつけること。
> (16) **速やかに**：できるだけ速く。　　**いきなり**：準備をしないで急に。

(17) [ a 今さら　b もっと　c さらに ]
① 学生時代に勉強しておけばよかったと思うが、(　　)後悔しても遅い。
② 長雨が続き、(　　)台風の被害も重なって、今年は米が不作らしい。
③ 「すみません。(　　)大きい声で話してください。」

### e. 程度、数量

(1) [ a すべて　b 何でも　c すっかり ]
① このパソコンの説明書は(　　)英語で書かれている。
② 友達と映画を見に行く約束を(　　)忘れてしまった。
③ 困ったことがあったら、(　　)相談してください。

(2) [ a 十分に　b 完全に　c 全く ]
① 加藤さんはよく冗談を言うが、(　　)おもしろくない。
② このけがが(　　)治るには、半年はかかるだろう。
③ どの大学を受けるか決める前に、大学のことを(　　)調べたほうがいい。

(3) [ a かろうじて　b せめて　c 少なくとも ]
① 試験は難しかったが、(　　)合格点に達した。
② この仕事は急いでやっても、(　　)1週間はかかる。
③ 財布を拾ってくれた人に(　　)一言お礼が言いたいが、名前もわからない。

(4) [ a 余計に　b 割に　c 一段と ]
① 新しい地下鉄が開通して、都心への交通が(　　)便利になった。
② この映画は怖いから見ないほうがいいと言われると、(　　)見たくなるものだ。
③ このお皿は子供が作ったにしては、(　　)よくできている。

---

**ヒント**

(3) **かろうじて**：最低そのことだけは実現した様子。～間に合った　～助かった
　　**せめて**：最低限の期待を示す。～…てほしい／…たい／…たらいいのに
　　**少なくとも**：最小の限度を示す。～10,000円は必要だ

(4) **余計に**：ここではいっそうの意味。数量が多いことを表す。いつもより～に時間がかかった
　　必要ではないことを表す場合もある。～なことを言うな

(5) [ a なかなか　　b かなり　　c やや ]
① あの双子はよく似ているが、お姉さんのほうが(　　)背が高い。
② 今回の試験は、文法は(　　)できたが、聴解は全然わからなかった。
③ 友達と駅前で待ち合わせたが、人が多くて(　　)会えなかった。

(6) [ a まさに　　b 大いに　　c 実に ]
① 展覧会会場に並べられた作品は、どれも(　　)すばらしかった。
② この店で出る煮物は、私にとって(　　)おふくろの味だ。
③ 久しぶりに学生時代の友達に会い、(　　)飲んで語り合った。

(7) [ a いやに　　b やたらに　　c いたって ]
① 祖母は今年90歳になるが、(　　)元気だ。
② おしゃべりなAさんが今日は(　　)静かだ。何かあったのだろうか。
③ 一度だまされたぐらいで、(　　)人を疑うのはよくない。

(8) [ a もっぱら　　b ひとえに　　c ひたすら ]
① 以前はスポーツなら何でもやったが、最近は(　　)テレビで観戦している。
② 母は父が手術を受けている間、(　　)手術の成功を祈り続けていた。
③ 「今日、退院できるのは、(　　)治療してくださった先生や看護師さんのおかげです。」

(9) [ a まるで　　b ちょうど　　c いかにも ]
① 彼は責任者なのに、(　　)何も知らなかったかのような顔をしている。
② 今度の社員旅行は、(　　)温泉好きの佐藤さんらしい計画だ。
③ 会議は(　　)予定の時間に終わった。

> **ヒント**
>
> (6) **まさに**：間違いなくそうだと確認したことを示す。
> (7) **やたらに**：必要もないのにたくさん。～忙しい
> (8) **もっぱら**：他のことはしないでそのことだけをすること。休みの日は～寝て過ごす
> 　　**ひとえに**：理由は他のことでなく、ただ…だということを示す。
> 　　**ひたすら**：1つのことに心を込めて一生懸命すること。～祈る　～研究する
> (9) **まるで**：「まるで…のよう」の形で、似ていることを表す。
> 　　**いかにも**：「いかにも…らしい／そう」などの形で、予測したことと同じであることを確認して言う。

(10) [　a ちっとも　　b まるっきり　　c とても　]
  ①「こんなゲーム、(　　　)おもしろくないよ。違うのをやろうよ。」
  ② 彼の言うことは(　　　)でたらめだ。
  ③ こんなにたくさんの料理を、1人では(　　　)食べきれない。

## f．判断、希望、仮定

(1) [　a おそらく　　b 無論　　c 必ず　]
  ① 試合に敗れた選手たちは、今度は(　　　)勝ってみせると決意を固めた。
  ② 返事ははっきり聞いていないが、彼は(　　　)来ないだろう。
  ③「今回の試合に負けたのは、(　　　)君だけのせいではない。」

(2) [　a もしかすると　　b まさか　　c さぞ　]
  ① 30分待っても山田さんは来ない。(　　　)今日は来ないのかもしれない。
  ②「君は(　　　)我々の秘密を誰かにしゃべったんじゃないだろうね。」
  ③「あなたの合格の知らせを聞いたら、ご両親は(　　　)お喜びになることでしょう。」

(3) [　a とにかく　　b とかく　　c どうせ　]
  ① 人は(　　　)、自分の考えが一番正しいと思いがちだ。
  ② 試験の問題は難しかったが、(　　　)最後までやってみた。
  ③ 父は(　　　)私の言うことなんか聞いてくれないだろう。

(4) [　a 一体　　b 何しろ　　c 何分　]
  ①「(　　　)何をしていたんだ。1時間も遅れてくるなんて。」
  ②「まだ慣れていないので、(　　　)よろしくご指導、お願いいたします。」
  ③「(　　　)ひどい渋滞で、すっかり遅くなってしまって、申し訳ない。」

### ヒント

(10) とても：「とても…ない」の形で使う。

(3) とにかく：現状はそのままで、まずその場で自分のできることをするというときに使う。
　　とかく：「とかく…がちだ／ものだ」などの形で、そういう傾向があることを示す。
(4) 一体：疑問の言葉とともに使い、驚きや非難の気持ちを強調する。
　　何しろ：「何しろ…ので」などの形で、現状をそのまま述べた上で、自分の事情を説明するときに使う。何分：「何分…ので、よろしく」という形で、相手の配慮を願うときに使われる。

(5) [ a むしろ  b かえって  c いっそ ]
① やってはいけないと言われると、(　　)やりたくなるものだ。
② 彼は先輩というより、(　　)兄のような存在だ。
③ 「そんなに仕事がつらいなら、(　　)会社をやめたらいいんじゃないですか。」

(6) [ a 案外  b 果たして  c 案の定 ]
① こんな寂しい田舎で、都会育ちの彼女が(　　)生活できるのだろうか。
② 朝から曇っていたので心配していたが、(　　)雨が降ってきた。
③ A氏は気難しい人だと聞いていたが、会ってみたら(　　)話しやすかった。

(7) [ a さすが  b ひょっとしたら  c てっきり ]
① 会議は(　　)来週だと思っていたら、今週だとわかって慌てた。
② 見たことのない花だが、花好きの田中さんなら(　　)名前を知っているかもしれない。
③ 今回の試合の相手は、(　　)前年の優勝チームだけあって、強かった。

(8) [ a 仮に  b 万一  c たとえ ]
① (　　)火災が起きたときは、この扉が自動的に閉まるようになっている。
② (　　)両親に反対されても、私は彼と結婚するつもりだ。
③ (　　)1か月10万円ずつ返済するとしたら、20年で全額返済できるはずだ。

(9) [ a 何とか  b どうやら  c 何となく ]
① 黒い雲が出てきた。(　　)雨になりそうだ。
② 熱はないが、朝から(　　)気分が優れない。
③ 論文の締め切りまで後3日しかないが、(　　)なるだろう。

> **ヒント**
>
> (5) **むしろ**：「Aより〜Bのほうがいい」のように、比較して一方を選ぶときに使う。
> 　　　**かえって**：予期に反して、反対にという意味。　　**いっそ**：思い切って選択することを表す。
> (6) **果たして**：疑問詞とともに、結局のところと言うときに使う。〜いつ／誰がするのだろうか　平叙文では、予想通りの結末になったことを言う。〜彼は来なかった
> (7) **てっきり**：間違いなく。「〜彼だと思ったら違った」のように、思い違いだったことを言うことが多い。
> (8) **仮に**：仮定条件を具体的に示して言うことが多い。　　**万一**：ほとんど実現しない、よくないことを仮定することが多い。　　**たとえ**：「たとえ…ても」のように、逆接の形で使われる。
> (9) **何とか**：「何とか…する／なる」の形で、いろいろやってみて、十分でなくとも実現すること。
> 　　　**どうやら**：「どうやら…そうだ／ようだ／らしい」の形で、可能性の高いことを表す。

### g．その他

(1) [ a 離れ離れに　　b ばらばらに　　c 思い思いに ]
① 寮では、休みの日は皆（　　）部屋で過ごしたり、出かけたりしている。
② ネックレスの糸が切れて、真珠が（　　）飛び散った。
③ 大災害の後の混乱で、家族と（　　）なった子供たちがおおぜいいる。

(2) [ a かわるがわる　　b 交互に　　c お互いに ]
① 4人の兄弟が（　　）両親の家に泊まって、病気の父の世話をしている。
②「試験の日が近づきました。（　　）頑張りましょう。」
③ 男性と女性が（　　）並ぶように席を決めた。

(3) [ a 一切　　b 一般に　　c 一応 ]
① 不正行為のあったあの会社とは、今後（　　）取引をしないことにした。
② レポートは（　　）書くことは書いたが、まだ提出していない。
③ 木造の家は（　　）通気性がよく、暑い夏を過ごすのに適している。

### ヒント

(2) **かわるがわる**：おおぜいの人が交替して、または複数のものを交替して行うこと。
　　**交互に**：2人、または2つのものが交替して行うこと。

## 練習問題 ②

◆次の言葉の使い方として最もよいものを、1・2・3・4から1つ選びなさい。

（1）ひそひそ
1．隣の人の答をひそひそ見るなんて、ひきょうだ。
2．美しい星空のもと、恋人たちは愛をひそひそ確かめ合った。
3．今日は朝から雨がひそひそ降っている。
4．ドアを開けようとしたら、中でひそひそ話す声が聞こえてきた。

（2）まごまご
1．まごまごしたアクセサリー類はなくしやすい。
2．新型の券売機の前でまごまごしていたら、駅員が使い方を教えてくれた。
3．この店の従業員は皆、動きがまごまごしていて感じがいい。
4．その子は名前を聞かれて、恥ずかしそうにまごまごした。

（3）がっかり
1．そのマラソン選手はゴールにたどり着くと、がっかり膝を折って倒れた。
2．応援していたチームが決勝戦で敗れてがっかりした。
3．選挙運動中の候補者は、集まった支持者たちとがっかり手を握りあった。
4．人ごみの中で知らない人に名前を呼ばれて、がっかりした。

（4）ぎょっと
1．暗闇から突然、人が現れたのでぎょっとした。
2．台所に大きな虫がいるのを見つけて、思わずぎょっと声を上げた。
3．あまり運転したことのない人が運転する車に乗るのはぎょっとする。
4．出発が1日遅れていたら大事故にあっていたと思うと、ぎょっとする。

（5）がっしり
1．兄は、背はそれほど高くないが、がっしりした体格で、柔道が得意だ。
2．私はどんなことがあっても、がっしり家族を守るつもりだ。
3．彼は責任感が強くがっしりしているから、信頼できる。
4．去年はよちよち歩きだった子供が、今ではがっしり歩けるようになった。

（6）たっぷり
1．花に水をやるときは、鉢の底から水が流れるまで、たっぷり注ぐといい。
2．彼は最近たっぷり太って、まるで相撲の力士のようだ。
3．風呂の湯にたっぷりつかるのは、実に気持ちがいいものだ。
4．日がたっぷり暮れて、辺りの景色も見えなくなってきた。

(7) くれぐれも
1. お待ちしていますので、くれぐれもいらっしゃってください。
2. 大切なお客様ですから、くれぐれも失礼のないようにお迎えしてください。
3. くれぐれも、希望の大学に合格できますように。
4. 早くお元気になることを、くれぐれも願っています。

(8) ぼうぜんと
1. ブラスバンドは演奏を続けながらぼうぜんと行進を続けた。
2. 会議中ぼうぜんとしていたら、質問されて慌ててしまった。
3. 先に点を取られた相手チームは、ぼうぜんと反撃に出た。
4. 火事で家をなくしたその家族は、ぼうぜんと焼け跡に立っていた。

(9) ぐったり
1. 今日は涼しくて、ぐったり眠れそうだ。
2. 野菜はゆですぎるとぐったりしてしまっておいしくない。
3. 暑さでぐったりしていた老人を、木陰のベンチで休ませた。
4. 都会と違って田舎では、時間もぐったり流れ、のんびりできる。

(10) ごちゃごちゃ
1. 満員電車の中で押されてごちゃごちゃになった。
2. せっかく美容院に行ったのに、風が強くて髪がごちゃごちゃになった。
3. 引き出しの中がごちゃごちゃで、入れたはずのメモが見つからない。
4. 最近、仕事が思うように行かなくて、気持ちがごちゃごちゃする。

(11) うとうと
1. 長かった入院生活もうとうと終わりに近づいた。
2. 電車の揺れが気持ちよくて、ついうとうとしてしまった。
3. 迷子になって公園をうとうとしていた子犬を家に連れて帰った。
4. 暗い山道を、疲れてうとうと歩いていくと、遠くに明かりが見えた。

(12) とっくに
1. 「ご来場の皆さまもとっくにご存じのとおり、佐藤さんが新人文学賞を受賞されました。」
2. 電車が揺れてバランスを崩し、とっくに手すりにつかまった。
3. はっと気がついて時計を見ると、約束の時間はとっくに過ぎていた。
4. とっくに異論がなければ、この計画通り作業を進めるつもりだ。

(13) なんと
1．この程度の問題、難しくもなんともない。
2．このプロジェクトは、なんとして成功させたい。
3．母は、私のすることになんと口出しをしてうるさい。
4．この急流に飛び込んでおぼれた人を救うとは、なんと勇敢な若者だろう。

---

### コラム

**慣用表現**

次の言葉は形状を表す形容詞ですが、別の意味もあります。
適当な言葉を選び、（　　　）に入れましょう。

| 厚い | 固い | 軽い | 鋭い | 広い | 柔らかい |

A：山田課長はアイディアが豊富ですね。
B：頭が（①　　　）からじゃないかな。
A：それに、顔も（②　　　）ですよね。いろいろな分野の人を知っていて、情報を集めるのがうまいですよ。でも、ちょっと口が（③　　　）ですけどね。秘密にしておくことができないんですね。
B：それに引きかえ、鈴木課長は口が（④　　　）から、何でも相談できて、みんなの信頼も（⑤　　　）ですよね。厳しいところもあるけど、指摘は（⑥　　　）と思いますよ。

## 長文問題

◆ ☐ の中から適当な言葉を選び、（　　）に入れなさい。同じ言葉は1回しか使いません。

I
　会社の先輩の石田さんはどんな仕事でも（①　　　）こなす。（②　　　）小さなことでもおろそかにせず、（③　　　）しているから、上司からの信頼も厚い。先日も、顧客の依頼で急に必要になった計画書を（④　　　）用意したのを見て、私は（⑤　　　）、と思った。このように事務的な能力が高いのみならず、アイディアも豊富で自分の意見もはっきり述べる。こんな彼女だから（⑥　　　）自信過剰で他人に厳しい人と思われるかもしれないが、（⑦　　　）正反対で、（⑧　　　）謙虚で周囲への思いやりのある人なのだ。私は、（⑨　　　）彼女の口から人を悪くいう言葉を聞いたことがない。
　私は中国語と英語の語学力が必要ということでこの会社に採用されたが、これとは関係のない事務的な仕事をさせられることが多く、いささか（⑩　　　）していた。しかし、石田さんを見るにつけ、最近は（⑪　　　）見習いたいと思うようになった。

| たとえ | さすが | いたって | 大いに | およそ | さぞ |
| てきぱきと | きちんと | うんざり | 速やかに | まるっきり | |

II
　私は山登りが趣味で、夏には1週間ほどかけて山を歩くのが何よりも楽しみである。肩に（①　　　）と重い荷物を担ぎ、1人で（②　　　）山道を登る。1時間も歩けば汗（③　　　）になるが、汗とともに、仕事で（④　　　）したり、（⑤　　　）したりしたことも忘れる。森林を抜け、見晴らしのいい地点まで登ると、空気は（⑥　　　）さわやかになる。しかし、頂上に近づくと山道は（⑦　　　）した岩や石だらけで、（⑧　　　）した不安定な石を（⑨　　　）踏むと、落下する危険があるから、（⑩　　　）注意が必要である。頂上にたどり着いたときは（⑪　　　）になっているが、そこから見る雄大な景色は疲れを忘れさせてくれる。

| ずっしり | うっかり | びっしょり | 常に | 一段と | ゆっくり |
| いらいら | ぐらぐら | ごろごろ | へとへと | むしゃくしゃ | |

## コラム

どちらが入りますか。

**擬音語・擬態語**

(1) [ a さらさら　b ざらざら ]
① 海岸の砂を両手ですくったら、指の間から(　　)こぼれた。
② 少女の(　　)した長い髪が風に揺れている。
③ この紙は(　　)していて書きにくい。

(2) [ a とんとん　b どんどん ]
① 大工が金づちで釘を(　　)打つ音が聞こえる。
② 男たちは、祭りの大太鼓を(　　)と力いっぱいたたいた。
③ ドアを軽く(　　)とノックしたが、返事がなかった。

(3) [ a するする　b ずるずる ]
① 幼い女の子が大きなぬいぐるみを(　　)引きずりながら歩いていた。
② 急斜面に立って写真を撮っていたら、(　　)足を滑らせて落ちてしまった。
③ 開会式で、オリンピックの旗が(　　)と上がっていった。

(4) [ a ふかふか　b ぷかぷか ]
① 誰かが忘れていったらしい浮き輪が海に(　　)浮いていた。
② 天気のいい日に、日に干した布団は(　　)していて気持ちがいい。
③ 父は書斎で、気持ちよさそうにパイプを(　　)吹かしている。

(5) [ a ばらばら　b ぱらぱら ]
① うっかりバッグを落としたら、中から財布や手帳が(　　)と地面に落ちた。
② 本屋で見かけた話題の本を、どんな本かと(　　)とめくってみた。
③ 辺りが暗くなったかと思ったら、雨が(　　)と降ってきた。

(6) [ a ひりひり　b びりびり ]
① 別れた恋人からの手紙を(　　)と破って捨てた。
② 電気器具の修理をしていたら、配線に触れて(　　)ときた。
③ 転んで擦りむいたところが、まだ(　　)と痛む。

(7) [ a ぶんぶん　　b ぷんぷん ]
　① 約束の時間に遅れたら、彼女は(　　　)怒って口もきいてくれなかった。
　② きれいな花の周りを蜂が(　　　)飛んでいる。
　③ 父はそれほど飲んでいないと言っているが、お酒のにおいが(　　　)した。

(8) [ a たらたら　　b だらだら ]
　① もう少しで、うそが彼女にばれそうになり、冷や汗が(　　　)流れた。
　② 毎日残業を言いつける課長に対して、部下は不満(　　　)仕事をしている。
　③ 今日は暑かったので、一日中何もせず(　　　)していた。

(9) [ a ふうふう　　b ぶうぶう ]
　① お茶が熱かったので、(　　　)さましてから飲んだ。
　② 大通りは渋滞で、バスや車が(　　　)クラクションを鳴らしている。
　③ 楽しみにしていた家族旅行が中止になり、子供たちが(　　　)言っている。

# 索引

*印のついているものは、日本語能力試験N2レベルまでの語彙です。

## あ

| | | |
|---|---|---|
| □あいだがら | 間柄 | 58 |
| □あいて | 相手* | 71 |
| □アイディア | アイディア* | 49 |
| □あいまいな | あいまいな* | 95 |
| □あえて | あえて* | 113 |
| □あかじ | 赤字 | 84 |
| □あきらかな | 明らかな* | 95 |
| □あきる | 飽きる* | 2 |
| □あきれる | あきれる* | 2 |
| □あくしつな | 悪質な | 98 |
| □アクセサリー | アクセサリー* | 77 |
| □あくどい | あくどい | 89 |
| □あくび | あくび* | 81 |
| □あくまで | あくまで* | 113 |
| □あげる | 挙げる | 43 |
| □あこがれ | あこがれ | 48 |
| □あこがれる | あこがれる* | 3 |
| □あざ | あざ | 81 |
| □あさましい | あさましい | 89 |
| □あざやかな | あざやかな | 92 |
| □あせ | 汗* | 81 |
| □あせる | 焦る | 2 |
| □あせる | あせる | 16 |
| □あたいする | 値する | 20 |
| □あたえる | 与える* | 7 |
| □あたり | 辺り* | 60 |
| □あたる | 当たる* | 20 |
| □あつかう | 扱う* | 10 |
| □あっけなく | あっけなく | 116 |
| □あっさり | あっさり | 112 |
| □あっしゅく(する) | 圧縮(する)* | 28 |
| □あつめる | 集める* | 43 |
| □あつりょく | 圧力 | 62 |
| □あて | 当て | 49 |
| □あてはまる | 当てはまる | 20 |
| □あふれる | あふれる | 15 |
| □あべこべ | あべこべ | 59 |
| □あまる | 余る* | 15 |
| □あやしい | 怪しい* | 93 |
| □あやしむ | 怪しむ | 4 |
| □あやつる | 操る | 10 |
| □あやぶむ | 危ぶむ | 4 |
| □あやふやな | あやふやな | 93 |
| □あらい | 荒い | 101 |
| □あらかじめ | あらかじめ | 118 |
| □あらすじ | あらすじ* | 52 |
| □あらたまる | 改まる | 15 |
| □あらわす | 著す* | 5 |
| □ありがたい | ありがたい* | 86 |
| □ありさま | 有様 | 56 |
| □ありふれる | ありふれる | 21 |
| □アレルギー | アレルギー | 83 |
| □あわ | 泡* | 78 |
| □あわただしい | 慌ただしい* | 103, 107 |
| □あわてる | 慌てる* | 2 |
| □あわれな | 哀れな* | 96 |
| □あんいな | 安易な* | 104 |
| □あんがい | 案外* | 122 |
| □あんじる | 案じる | 2 |
| □アンテナ | アンテナ* | 76 |
| □あんのじょう | 案の定 | 122 |

## い

| | | |
|---|---|---|
| □いいかえす | 言い返す | 42 |
| □いいかける | 言いかける* | 41 |
| □いいかげんな | いいかげんな | 90 |
| □いいそびれる | 言いそびれる | 41 |
| □いいはる | 言い張る | 41 |
| □いがいな | 意外な* | 93 |
| □いかにも | いかにも* | 120 |
| □いかり | 怒り* | 47 |
| □いき | 息* | 81 |
| □いきなり | いきなり* | 118 |
| □いけん | 意見* | 49 |
| □いこう | 意向 | 50 |
| □いし | 意志* | 50 |
| □いじ | 意地 | 51 |
| □いしき | 意識* | 46 |
| □いじめる | いじめる* | 6 |
| □いじゅう(する) | 移住(する) | 26 |
| □いしょう | 衣装 | 77 |
| □いずれ | いずれ* | 117 |
| □いたい | 痛い* | 87 |
| □いたずらに | いたずらに* | 113 |
| □いたって | いたって* | 120, 127 |
| □いたむ | 痛む* | 2 |
| □いたる | 至る* | 23 |
| □いちおう | 一応* | 123 |
| □いちだんと | 一段と* | 119, 127 |
| □いちどに | 一度に* | 117 |
| □いちような | 一様な | 103 |
| □いっきに | 一気に | 117 |
| □いっさい | 一切 | 123 |
| □いっしょう | 一生* | 81 |
| □いっせいに | 一斉に* | 117 |
| □いっそ | いっそ | 122 |
| □いったい | 一体* | 121 |
| □いつのまにか | いつの間にか* | 118 |
| □いっぱんに | 一般に* | 123 |
| □いっぺん(する) | 一変(する) | 26 |
| □いてん(する) | 移転(する)* | 26 |
| □いと | 意図 | 50 |

| | | |
|---|---|---|
| □ いどう(する) | 移動(する)* | 26 |
| □ いとなむ | 営む | 7 |
| □ いどむ | 挑む | 7 |
| □ いのち | 命* | 81 |
| □ いばる | 威張る* | 3 |
| □ いびき | いびき | 81 |
| □ いびつな | いびつな | 105 |
| □ いふく | 衣服* | 77 |
| □ いまさら | 今さら | 119 |
| □ いまだに | いまだに | 117 |
| □ いまに | 今に* | 117 |
| □ いまにも | 今にも* | 117 |
| □ いやがる | 嫌がる* | 3 |
| □ いやに | いやに* | 120 |
| □ いよいよ | いよいよ | 117 |
| □ いような | 異様な | 104 |
| □ いよく | 意欲 | 51, 84 |
| □ いらいら | いらいら* | 111, 127 |
| □ いらだつ | いらだつ* | 2 |
| □ いるい | 衣類 | 77 |
| □ いんしょう | 印象* | 46 |
| □ いんたい(する) | 引退(する)* | 33 |

## う

| | | |
|---|---|---|
| □ ウイルス | ウイルス* | 79 |
| □ ウール | ウール* | 77 |
| □ うけいれる | 受け入れる | 40 |
| □ うけつける | 受け付ける* | 40 |
| □ うけとめる | 受け止める | 42 |
| □ うけもつ | 受け持つ* | 40 |
| □ うける | 受ける* | 43 |
| □ うしなう | 失う* | 14 |
| □ うすめる | 薄める* | 15 |
| □ うずめる | うずめる | 21 |
| □ うたがう | 疑う* | 4 |
| □ うちあける | 打ち明ける* | 5 |
| □ うちきる | 打ち切る | 40 |
| □ うちけす | 打ち消す* | 40 |
| □ うちこむ | 打ち込む | 40 |
| □ うっかり | うっかり* | 110, 127 |
| □ うっとうしい | うっとうしい | 88 |
| □ うつむく | うつむく | 8 |
| □ うつる | 移る* | 18 |
| □ うつる | 映る* | 21 |
| □ うつろな | うつろな | 104 |
| □ うで | 腕* | 81 |
| □ うでまえ | 腕前 | 72 |
| □ うとうと | うとうと | 125 |
| □ うなずく | うなずく* | 8 |
| □ うぬぼれ | うぬぼれ | 50 |
| □ うめる | 埋める* | 21 |
| □ うらおもて | 裏表 | 59 |
| □ うらがえす | 裏返す* | 19 |
| □ うらみ | 恨み* | 48 |
| □ うらむ | 恨む* | 3 |
| □ うらやましい | 羨ましい* | 86, 107 |
| □ うらやむ | 羨む* | 3 |
| □ うわさ | 噂* | 52 |

| | | |
|---|---|---|
| □ うんえい(する) | 運営(する) | 34 |
| □ うんざり | うんざり | 110, 127 |
| □ うんてん(する) | 運転(する)* | 35 |
| □ うんよう(する) | 運用(する) | 31 |

## え

| | | |
|---|---|---|
| □ えいぎょう(する) | 営業(する)* | 34 |
| □ えがく | 描く* | 5 |
| □ えさ | 餌* | 77 |
| □ えだ | 枝* | 80 |
| □ えり | 襟 | 77 |
| □ える | 得る* | 43 |
| □ エレガントな | エレガントな | 93 |
| □ えん | 縁* | 58 |
| □ えんげき | 演劇* | 73 |
| □ えんしゅつ(する) | 演出(する) | 74 |
| □ えんじょ(する) | 援助(する)* | 31 |
| □ えんじる | 演じる | 5 |
| □ えんちょう(する) | 延長(する)* | 36 |
| □ えんまんな | 円満な | 99 |
| □ えんりょ(する) | 遠慮(する)* | 33 |

## お

| | | |
|---|---|---|
| □ おいかける | 追いかける* | 40 |
| □ おいこす | 追い越す* | 40 |
| □ おいつく | 追いつく* | 40 |
| □ おうよう(する) | 応用(する)* | 31 |
| □ おおいに | 大いに* | 120, 127 |
| □ おおう | 覆う* | 20 |
| □ おおげさな | おおげさな | 91 |
| □ おおざっぱな | おおざっぱな | 91 |
| □ オーソドックスな | オーソドックスな | 98 |
| □ おおまかな | 大まかな | 93 |
| □ おかえし | お返し | 67 |
| □ おかず | おかず* | 77 |
| □ おき | 沖* | 83 |
| □ おくる | 送る* | 17 |
| □ おこたる | 怠る | 9 |
| □ おさない | 幼い* | 104 |
| □ おさめる | 治める* | 7 |
| □ おしい | 惜しい* | 87 |
| □ おしきる | 押し切る | 42 |
| □ おしむ | 惜しむ | 3 |
| □ おしよせる | 押し寄せる | 18 |
| □ おそらく | おそらく* | 121 |
| □ おそれる | 恐れる* | 12 |
| □ おそろしい | 恐ろしい* | 86 |
| □ オゾン | オゾン | 79 |
| □ おたがいに | お互いに* | 123 |
| □ おだてる | おだてる | 6 |
| □ おどす | 脅す | 6 |
| □ おとなしい | おとなしい* | 89, 107 |
| □ おどろく | 驚く* | 2 |
| □ おびえる | おびえる | 2 |
| □ おびただしい | おびただしい | 103 |
| □ おびる | 帯びる | 20 |
| □ おもいおもいに | 思い思いに | 123 |

| | | |
|---|---|---|
| □おもいきり | 思い切り | 113 |
| □おもいこむ | 思い込む* | 41 |
| □おもいだす | 思い出す* | 41 |
| □おもいつく | 思いつく* | 41 |
| □おもむき | 趣 | 56 |
| □おやつ | おやつ | 77 |
| □およそ | およそ* | 127 |
| □およぶ | 及ぶ | 17 |
| □おれい | お礼* | 67 |
| □おろかな | 愚かな | 90 |
| □おんしん | 音信 | 53 |
| □おんわな | 温和な | 89, 107 |

## か

| | | |
|---|---|---|
| □がいか | 外貨 | 68 |
| □かいかく | 改革 | 66 |
| □がいかん | 外観 | 56 |
| □かいけい | 会計* | 68 |
| □かいし(する) | 開始(する)* | 27 |
| □かいしゅう(する) | 改修(する) | 26 |
| □かいぜん(する) | 改善(する)* | 26 |
| □かいだん(する) | 会談(する) | 31 |
| □かいてい(する) | 改訂(する) | 26 |
| □かいてきな | 快適な* | 88 |
| □かいふく(する) | 回復(する) | 37 |
| □かいほう(する) | 介抱(する) | 36 |
| □かいりょう(する) | 改良(する) | 26 |
| □かえって | かえって* | 122 |
| □かえる | 帰る* | 18 |
| □かおり | 香り* | 82 |
| □かかえる | 抱える* | 9 |
| □かかく | 価格* | 69, 84 |
| □かかと | かかと | 80 |
| □かがやく | 輝く* | 21 |
| □かかんな | 果敢な | 91 |
| □かく | 格 | 57 |
| □かくいつてきな | 画一的な | 100 |
| □かくさ | 格差 | 63 |
| □かくじゅう(する) | 拡充(する)* | 28 |
| □かくだい(する) | 拡大(する)* | 28 |
| □かくちょう(する) | 拡張(する)* | 28 |
| □かくとく(する) | 獲得(する) | 31 |
| □かくめい | 革命 | 66 |
| □かくりつ | 確率* | 61 |
| □がくりょく | 学力* | 72, 84 |
| □かくれる | 隠れる* | 14 |
| □かける | 欠ける* | 14 |
| □かこう(する) | 下降(する) | 29 |
| □かこくな | 過酷な | 94 |
| □かさばる | かさばる | 15 |
| □かしげる | かしげる* | 8 |
| □かしこい | 賢い* | 88 |
| □かじる | かじる* | 8 |
| □かすかな | かすかな | 102 |
| □かそ | 過疎 | 74 |
| □かた | 肩* | 81 |
| □かたい | 硬い* | 91 |
| □かたおもい | 片思い | 48 |
| □かたまる | 固まる | 17 |
| □かたむく | 傾く* | 18 |
| □かたやぶりな | 型破りな | 104 |
| □かたる | 語る* | 5 |
| □かたわら | 傍ら | 60 |
| □がっかり | がっかり* | 110, 124 |
| □かっき | 活気* | 46 |
| □かつぐ | 担ぐ* | 9 |
| □がっくり | がっくり | 114 |
| □かっこう | 格好* | 57 |
| □がっしり | がっしり | 124 |
| □かつて | かつて | 118 |
| □かってに | 勝手に | 113 |
| □かっと | かっと | 110 |
| □かなう | かなう | 20 |
| □かならず | 必ず* | 121 |
| □かならずしも | 必ずしも* | 118 |
| □かなり | かなり* | 120 |
| □かねて | かねて | 118 |
| □かねる | 兼ねる* | 23 |
| □かばう | かばう* | 7 |
| □かび | かび* | 80 |
| □かぶせる | かぶせる* | 20 |
| □かむ | かむ* | 8 |
| □かゆい | かゆい* | 87 |
| □かよわい | か弱い | 101 |
| □からい | 辛い* | 91 |
| □からかう | からかう* | 6 |
| □からだつき | 体つき | 80 |
| □かりに | 仮に | 122 |
| □かるがるしい | 軽々しい | 104 |
| □かれる | 枯れる* | 16 |
| □かろうじて | かろうじて | 119 |
| □かろやかな | 軽やかな | 104 |
| □かわいい | かわいい* | 87 |
| □かわせ | 為替* | 68 |
| □かわる | 変わる* | 15 |
| □かわるがわる | かわるがわる | 123 |
| □かん | 勘* | 46 |
| □かんかく | 感覚* | 46 |
| □かんげん(する) | 還元(する) | 36 |
| □がんこな | 頑固な | 90, 107 |
| □かんさつ(する) | 観察(する) | 31 |
| □かんし(する) | 監視(する) | 31 |
| □かんしゃ(する) | 感謝(する)* | 32 |
| □かんしょう | 干渉 | 74 |
| □がんじょうな | 頑丈な | 90 |
| □かんじる | 感じる* | 2 |
| □かんしん | 関心* | 49 |
| □かんしん(する) | 感心(する)* | 32 |
| □かんせん(する) | 観戦(する) | 31 |
| □かんぜんに | 完全に* | 119 |
| □かんそう | 感想* | 49 |
| □かんそな | 簡素な | 93 |
| □かんだいな | 寛大な | 94 |
| □かんどう(する) | 感動(する)* | 32 |

## き

| | | |
|---|---|---|
| □きえる | 消える* | 14 |
| □きき | 危機 | 59 |
| □ききいる | 聞き入る | 41 |
| □ききいれる | 聞き入れる* | 42 |
| □ききながす | 聞き流す | 41 |
| □ききのがす | 聞き逃す* | 41 |
| □ききめ | 効き目 | 58 |
| □きぎょう | 企業* | 71, 84 |
| □きげん | 機嫌* | 47 |
| □きこう | 機構 | 57 |
| □きこう | 気候* | 78 |
| □きごころ | 気心 | 46 |
| □きざむ | 刻む* | 16 |
| □きしむ | きしむ | 20 |
| □ぎじゅつ | 技術* | 72 |
| □きじゅん | 基準* | 61 |
| □きしょう | 気性 | 46 |
| □きず | きず* | 81 |
| □きずく | 築く | 7 |
| □きそう | 競う | 7 |
| □きだて | 気立て | 46 |
| □きちょうめんな | 几帳面な | 88, 107 |
| □きちんと | きちんと | 127 |
| □きつい | きつい | 101 |
| □きっちり | きっちり | 111 |
| □きっぱり | きっぱり | 113 |
| □きどる | 気取る | 3 |
| □きのどくな | 気の毒な* | 96 |
| □きひん | 気品 | 58 |
| □きぶん | 気分* | 47 |
| □きぼ | 規模 | 63 |
| □きぼう | 希望* | 51 |
| □きまじめな | きまじめな | 95 |
| □きみ | 気味* | 46 |
| □ぎむ | 義務* | 67 |
| □きむずかしい | 気難しい | 90 |
| □きゃくほん | 脚本 | 73 |
| □キャリア | キャリア | 70, 84 |
| □きゅうくつな | 窮屈な | 103 |
| □きゅうさい(する) | 救済(する) | 31 |
| □きゅうじょ(する) | 救助(する)* | 31 |
| □きょうあくな | 凶悪な | 98 |
| □きょういく | 教育* | 72, 84 |
| □きょうか | 教科 | 84 |
| □きょうか(する) | 強化(する) | 30 |
| □きょうぎ | 競技* | 73 |
| □ぎょうぎ | 行儀 | 72 |
| □きょうきゅう(する) | 供給(する)* | 35 |
| □きょうくん | 教訓 | 72 |
| □きょうこう(する) | 強行(する) | 34 |
| □きょうこな | 強固な | 101 |
| □きょうしゅう | 郷愁 | 47 |
| □ぎょうせき | 業績 | 70 |
| □きょうそう | 競走 | 73 |
| □きょうだいな | 強大な | 105 |
| □きょうてい | 協定 | 66 |
| □きょうな | 器用な* | 89 |
| □きょうみ | 興味* | 49 |
| □きょうよう | 教養* | 72, 84 |
| □きょうりょくな | 強力な* | 101 |
| □きょくげん | 極限 | 61 |
| □ぎょっと | ぎょっと | 124 |
| □きよらかな | 清らかな | 92 |
| □きらきら | きらきら | 112 |
| □ぎらぎら | ぎらぎら | 112 |
| □きらくな | 気楽な* | 88, 107 |
| □きらびやかな | きらびやかな | 92 |
| □きらり | きらり | 112 |
| □ぎり | 義理 | 67 |
| □きりおとす | 切り落とす | 41 |
| □きりだす | 切り出す | 41 |
| □きりぬく | 切り抜く | 41 |
| □ぎわく | 疑惑 | 49 |
| □ぎんみ(する) | 吟味(する) | 30 |

## く

| | | |
|---|---|---|
| □ぐあい | 具合* | 56 |
| □くさり | 鎖* | 76 |
| □くさる | 腐る* | 17 |
| □くしゃみ | くしゃみ* | 81 |
| □くすぐったい | くすぐったい | 87 |
| □くずす | 崩す | 16 |
| □くたびれる | くたびれる* | 2 |
| □くだらない | くだらない* | 92, 95 |
| □ぐち | 愚痴 | 52 |
| □くちずさむ | 口ずさむ | 4 |
| □くちばし | くちばし | 80 |
| □くつう | 苦痛* | 47 |
| □くつがえす | 覆す | 19 |
| □くっきょうな | 屈強な | 101 |
| □ぐっすり | ぐっすり* | 112 |
| □ぐったり | ぐったり | 125 |
| □くふう | 工夫* | 49 |
| □くやしい | 悔しい* | 87 |
| □ぐらぐら | ぐらぐら | 115, 127 |
| □くらす | 暮らす* | 10 |
| □ぐるぐる | ぐるぐる | 114 |
| □くるしい | 苦しい* | 86 |
| □くるしむ | 苦しむ* | 2 |
| □くるむ | くるむ* | 20 |
| □くれぐれも | くれぐれも* | 125 |
| □くろう | 苦労* | 47 |
| □くろじ | 黒字 | 69 |
| □くわえる | 加える* | 15 |
| □ぐんぐん | ぐんぐん | 115 |

## け

| | | |
|---|---|---|
| □けいい | 敬意* | 48 |
| □けいえい(する) | 経営(する)* | 34, 84 |
| □けいき | 契機* | 59 |
| □けいき | 景気* | 84 |
| □けいげん(する) | 軽減(する) | 30 |
| □けいこう | 傾向* | 63 |

| | | | | | | |
|---|---|---|---|---|---|---|
| □ | けいひ | 経費 | 69, 84 | □ | こうりょ(する) | 考慮(する)* | 33 |
| □ | けいべつ(する) | 軽蔑(する) | 32 | □ | こえる | 越える* | 17 |
| □ | けいやく | 契約* | 66 | □ | コード | コード* | 76 |
| □ | けずる | 削る* | 16 | □ | こくち(する) | 告知(する) | 34 |
| □ | けちな | けちな* | 89 | □ | ここち | 心地 | 47 |
| □ | けつあつ | 血圧* | 81 | □ | こころがけ | 心がけ | 51 |
| □ | けっかん | 欠陥* | 57 | □ | こころがける | 心がける | 4 |
| □ | けっこう(する) | 決行(する) | 34 | □ | こころがまえ | 心構え | 53 |
| □ | けつごう(する) | 結合(する) | 32 | □ | こころぐるしい | 心苦しい | 86 |
| □ | けっこうな | 結構な* | 98 | □ | こころざす | 志す | 4 |
| □ | けっせい(する) | 結成(する) | 32 | □ | こころぼそい | 心細い | 95 |
| □ | げっそり | げっそり | 112 | □ | こころみ | 試み | 50 |
| □ | けつだん(する) | 決断(する) | 33 | □ | こずえ | 梢 | 80 |
| □ | けなす | けなす | 6 | □ | コスト | コスト | 69 |
| □ | けはい | 気配* | 56 | □ | こする | こする* | 9 |
| □ | げひんな | 下品な* | 92 | □ | こだわる | こだわる | 11 |
| □ | けむい | 煙い* | 87 | □ | ごちゃごちゃ | ごちゃごちゃ* | 125 |
| □ | ける | 蹴る* | 10 | □ | こっけいな | こっけいな* | 92 |
| □ | けわしい | 険しい* | 102 | □ | こっそり | こっそり | 113 |
| □ | けんかい | 見解* | 49 | □ | ことさら | ことさら* | 113 |
| □ | けんがく(する) | 見学(する)* | 31 | □ | ことづける | 言づける* | 5 |
| □ | けんげん | 権限 | 67 | □ | ことなる | 異なる* | 43 |
| □ | げんしょう(する) | 減少(する) | 30 | □ | このみ | 好み* | 47 |
| □ | けんぜんな | 健全な | 90 | □ | こぼす | こぼす* | 5 |
| □ | けんち | 見地 | 50 | □ | こぼれる | こぼれる* | 19 |
| □ | げんど | 限度* | 61 | □ | こまかい | 細かい* | 102 |
| □ | けんとう | 見当* | 50 | □ | ごまかす | ごまかす | 6 |
| □ | けんとう(する) | 検討(する)* | 30 | □ | こまやかな | こまやかな | 95 |
| □ | けんぶつ(する) | 見物(する)* | 31 | □ | こよう | 雇用 | 71, 84 |
| □ | げんみつな | 厳密な | 100 | □ | こらえる | こらえる | 4 |
| □ | けんり | 権利* | 67 | □ | ごらく | 娯楽* | 73 |
| □ | けんりょく | 権力 | 67 | □ | こる | 凝る | 17 |
| | | | | □ | ころころ | ころころ | 114 |
| **こ** | | | | □ | ごろごろ | ごろごろ | 114, 127 |
| | | | | □ | ころぶ | 転ぶ* | 18 |
| □ | こい | 濃い* | 91 | □ | こわい | 怖い* | 86 |
| □ | こいしい | 恋しい* | 86 | □ | こわす | 壊す* | 16 |
| □ | こうい | 好意 | 47 | □ | こんき | 根気 | 46 |
| □ | こうか | 効果* | 58 | □ | こんきょ | 根拠 | 58 |
| □ | こうかい(する) | 後悔(する) | 33 | □ | コンセント | コンセント* | 76 |
| □ | ごうかな | 豪華な* | 92 | | | | |
| □ | こうかん(する) | 交換(する)* | 26 | **さ** | | | |
| □ | こうきしん | 好奇心 | 49 | | | | |
| □ | こうけい | 光景* | 78 | □ | ざあざあ | ざあざあ | 112 |
| □ | こうごに | 交互に | 123 | □ | さいきん | 細菌 | 79 |
| □ | こうじつ | 口実* | 58 | □ | さいくつ(する) | 採掘(する) | 35 |
| □ | こうじょう(する) | 向上(する) | 29 | □ | さいげん | 際限 | 61 |
| □ | こうずい | 洪水 | 78 | □ | ざいげん | 財源 | 69 |
| □ | こうせき | 功績* | 70 | □ | さいさん | 再三* | 116 |
| □ | こうぞう | 構造 | 57 | □ | ざいさん | 財産* | 69 |
| □ | こうそく(する) | 拘束(する) | 32 | □ | さいしゅう(する) | 採集(する) | 35 |
| □ | こうたい(する) | 後退(する) | 29 | □ | さいそく(する) | 催促(する)* | 34 |
| □ | こうたい(する) | 交替(する)* | 36 | □ | さいのう | 才能* | 72 |
| □ | こうたく | 光沢 | 83 | □ | さいばん | 裁判* | 68 |
| □ | こうちょうな | 好調な | 99 | □ | さいぼう | 細胞 | 80 |
| □ | こうどうする | 行動する* | 43 | □ | さえずる | さえずる | 21 |
| □ | こうへいな | 公平な* | 94 | □ | さお | さお* | 76 |
| □ | こうりつ | 効率 | 61 | □ | さかさま | さかさま* | 59 |
| □ | ごうりてきな | 合理的な* | 98 | □ | さかのぼる | さかのぼる* | 18 |

| | | | | | | |
|---|---|---|---|---|---|---|
| □さぎ | 詐欺 | 67 | | □したうけ | 下請け | 71, 84 |
| □さく | 裂く | 16 | | □したごころ | 下心 | 51 |
| □さくげん(する) | 削減(する) | 30 | | □しつ | 質* | 57 |
| □さくじょ(する) | 削除(する)* | 27 | | □しっかり | しっかり* | 111 |
| □さくせい(する) | 作成(する)* | 32 | | □しっきゃく(する) | 失脚(する) | 33 |
| □さくもつ | 作物* | 71 | | □しつぎょう(する) | 失業(する)* | 33 |
| □さぐる | 探る* | 43 | | □じっくり | じっくり | 113 |
| □さけぶ | 叫ぶ* | 3 | | □しっけ | 湿気 | 79 |
| □さける | 避ける* | 6 | | □しつけ | しつけ* | 72 |
| □ささやかな | ささやかな* | 102, 107 | | □じつげん(する) | 実現(する)* | 27 |
| □ささやく | ささやく* | 4 | | □しつこい | しつこい* | 91 |
| □さす | 指す* | 43 | | □じっこう | 実行* | 72 |
| □さすが | さすが* | 122, 127 | | □じっし | 実施* | 72, 84 |
| □さぞ | さぞ | 121, 127 | | □じっせん | 実践 | 72 |
| □ざつおん | 雑音* | 82 | | □しっと(する) | しっと(する) | 32 |
| □さっさと | さっさと* | 114 | | □しっとり | しっとり | 112 |
| □さっそく | さっそく* | 116 | | □じつに | 実に* | 120 |
| □さっと | さっと | 114 | | □しっぽ | しっぽ* | 80 |
| □さび | さび* | 83 | | □しつぼう(する) | 失望(する)* | 33 |
| □さびる | さびる* | 17 | | □しとやかな | しとやかな | 89 |
| □さほう | 作法* | 72 | | □しな | 品* | 71 |
| □サボる | サボる | 9 | | □しなびる | しなびる | 16 |
| □ざらざら | ざらざら | 111 | | □しはらう | 支払う* | 7 |
| □さらに | さらに* | 119 | | □しびれる | しびれる* | 17 |
| □さわがしい | 騒がしい* | 92 | | □しぶい | 渋い | 88 |
| □さわやかな | さわやかな* | 92 | | □しぼる | しぼる* | 10 |
| □さわる | 触る* | 9 | | □しみじみ | しみじみ* | 110 |
| □さんかする | 参加する* | 43 | | □じみな | 地味な* | 93 |
| □さんぎょう | 産業* | 71 | | □しみる | しみる | 21 |
| □ざんこくな | 残酷な | 94 | | □しめい | 使命 | 67 |
| □ざんねんな | 残念な* | 87 | | □じめじめ | じめじめ | 112 |
| | | | | □しめりけ | 湿り気 | 79 |
| **し** | | | | □しも | 霜* | 78 |
| | | | | □シャープな | シャープな | 106 |
| □しいて | 強いて | 113 | | □しゃかい | 社会* | 66 |
| □しいる | 強いる | 7 | | □じゃぐち | 蛇口* | 76 |
| □じいんと | じいんと | 110 | | □じゃくてん | 弱点* | 57 |
| □しおれる | しおれる | 16 | | □しゃれい | 謝礼 | 67 |
| □じが | 自我 | 50 | | □じゃれる | じゃれる | 9 |
| □じかく | 自覚 | 51 | | □しゅうえき | 収益 | 69, 84 |
| □じきに | じきに* | 116 | | □しゅうかく(する) | 収穫(する)* | 31 |
| □しきゅう(する) | 支給(する)* | 35 | | □しゅうかん | 習慣* | 73 |
| □しきりに | しきりに* | 115 | | □しゅうじつ | 終日 | 59 |
| □しきん | 資金 | 69 | | □じゅうじつ(する) | 充実(する) | 37 |
| □しくしく | しくしく | 112 | | □しゅうしゅう(する) | 収集(する) | 36 |
| □しげん | 資源* | 71 | | □じゅうしょ | 住所* | 76 |
| □しこう(する) | 施行(する) | 34 | | □しゅうせい(する) | 修正(する)* | 26 |
| □しさつ(する) | 視察(する) | 31 | | □じゅうたく | 住宅* | 76 |
| □じじょう | 事情* | 63 | | □じゅうてん | 重点* | 60 |
| □じしょく(する) | 辞職(する) | 33 | | □じゆうな | 自由な* | 94 |
| □じしん | 自信* | 51 | | □じゅうなんな | 柔軟な | 91 |
| □しずく | 雫 | 78 | | □じゅうぶんに | 十分に* | 119 |
| □しずむ | 沈む* | 19 | | □しゅうへん | 周辺 | 60 |
| □しせい | 姿勢* | 57 | | □しゅうり(する) | 修理(する)* | 26 |
| □しせつ | 施設 | 70, 84 | | □しゅうりょう(する) | 終了(する)* | 36 |
| □じそん | 自尊 | 50 | | □しゅかんてきな | 主観的な | 93 |
| □じたい(する) | 辞退(する) | 33 | | □しゅくしょう(する) | 縮小(する)* | 28 |
| □しだいに | 次第に* | 117 | | □しゅし | 趣旨 | 52 |
| □したう | 慕う | 3 | | □しゅしょく | 主食 | 77 |

| | | | | | | |
|---|---|---|---|---|---|---|
| ☐ しゅつげん(する) | 出現(する) | 27 | | ☐ すそ | 裾 | 77 |
| ☐ しゅっせ(する) | 出世(する) | 29 | | ☐ すたれる | 廃れる | 14 |
| ☐ しゅっぴ | 出費 | 69 | | ☐ すっかり | すっかり* | 119 |
| ☐ しゅとく(する) | 取得(する) | 31 | | ☐ すっきり | すっきり* | 110 |
| ☐ じゅみょう | 寿命* | 81 | | ☐ ずっしり | ずっしり | 114, 127 |
| ☐ じゅんちょうな | 順調な* | 99 | | ☐ すっぱい | すっぱい* | 88 |
| ☐ じゅんとうな | 順当な | 98 | | ☐ すてきな | すてきな* | 105 |
| ☐ じょうきょう | 状況* | 56 | | ☐ すでに | すでに* | 117 |
| ☐ しょうきょくてきな | 消極的な* | 107 | | ☐ すなおな | 素直な* | 89, 107 |
| ☐ じょうけん | 条件 | 59 | | ☐ すばしこい | すばしこい | 102 |
| ☐ しょうこ | 証拠 | 58 | | ☐ すばやい | すばやい | 102 |
| ☐ じょうしき | 常識* | 48 | | ☐ すばらしい | すばらしい* | 106 |
| ☐ じょうしょう(する) | 上昇(する) | 29 | | ☐ ずばり | ずばり | 113 |
| ☐ しょうじる | 生じる* | 21 | | ☐ すべすべ | すべすべ | 111 |
| ☐ しょうしん(する) | 昇進(する) | 29 | | ☐ すべて | すべて* | 119 |
| ☐ じょうちょ | 情緒 | 46 | | ☐ スポーティーな | スポーティーな | 104 |
| ☐ しょうてん | 焦点* | 60 | | ☐ すまい | 住まい* | 76 |
| ☐ じょうとうな | 上等な* | 100 | | ☐ すみ | 隅* | 60 |
| ☐ じょうねつ | 情熱 | 46 | | ☐ すみやかに | 速やかに | 118, 127 |
| ☐ しょうひ | 消費* | 69, 84 | | ☐ すむ | 住む* | 10 |
| ☐ じょうぶな | 丈夫な* | 90, 107 | | ☐ すむ | 済む* | 14 |
| ☐ じょうほ(する) | 譲歩(する) | 34 | | ☐ すむ | 澄む* | 17 |
| ☐ しょうみ | 正味* | 56 | | ☐ すやすや | すやすや | 112 |
| ☐ じょうやく | 条約 | 66 | | ☐ すらすら | すらすら | 114 |
| ☐ しょくひん | 食品* | 77 | | ☐ すらりと | すらりと | 111 |
| ☐ しょくりょう | 食料* | 77 | | ☐ ずらりと | ずらりと* | 111 |
| ☐ じょげん(する) | 助言(する) | 34 | | ☐ ずるい | ずるい* | 89 |
| ☐ しょち(する) | 処置(する) | 35 | | ☐ するどい | 鋭い* | 88, 102 |
| ☐ しょっちゅう | しょっちゅう | 116 | | ☐ ずれる | ずれる* | 18 |
| ☐ しょとく | 所得 | 68 | | | | |
| ☐ しょり(する) | 処理(する)* | 35 | | **せ** | | |
| ☐ しらべ | 調べ | 50 | | | | |
| ☐ しらべる | 調べる* | 4 | | ☐ せいい | 誠意 | 48 |
| ☐ じんかく | 人格 | 58 | | ☐ せいか | 成果 | 58 |
| ☐ しんさ(する) | 審査(する) | 30 | | ☐ せいかくな | 正確な* | 93 |
| ☐ じんじ | 人事* | 71 | | ☐ せいぎ | 正義 | 67 |
| ☐ しんしゅつ(する) | 進出(する) | 26 | | ☐ せいけい | 生計 | 68 |
| ☐ しんじょう | 心情 | 46 | | ☐ せいけつな | 清潔な* | 92 |
| ☐ しんしん | 心身* | 46 | | ☐ せいこうな | 精巧な | 100 |
| ☐ しんせい(する) | 申請(する) | 34 | | ☐ せいさく(する) | 制作(する)* | 32 |
| ☐ しんぜん | 親善 | 74 | | ☐ せいしきな | 正式な* | 98, 107 |
| ☐ しんだん(する) | 診断(する) | 33 | | ☐ せいじつな | 誠実な | 89 |
| ☐ しんてん(する) | 進展(する) | 29 | | ☐ せいしん | 精神* | 46 |
| ☐ しんぽ(する) | 進歩(する)* | 29 | | ☐ せいせき | 成績* | 70, 84 |
| ☐ しんみつな | 親密な | 100 | | ☐ せいぞう(する) | 製造(する)* | 32 |
| | | | | ☐ せいそな | 清楚な | 93 |
| **す** | | | | ☐ せいとうな | 正当な | 98 |
| | | | | ☐ せいみつな | 精密な | 100 |
| ☐ すいじゅん | 水準* | 61 | | ☐ せがむ | せがむ | 5 |
| ☐ すいすい | すいすい | 114 | | ☐ せきにん | 責任* | 66 |
| ☐ すう | 吸う* | 8 | | ☐ せけん | 世間* | 66 |
| ☐ ずうずうしい | ずうずうしい* | 89 | | ☐ ぜせい(する) | 是正(する) | 37 |
| ☐ すがすがしい | すがすがしい | 92 | | ☐ せっかく | せっかく* | 113 |
| ☐ すがた | 姿* | 57 | | ☐ せつじつな | 切実な | 99 |
| ☐ すききらい | 好き嫌い* | 47 | | ☐ せっせと | せっせと* | 113 |
| ☐ すくう | 救う* | 7 | | ☐ ぜつだいな | 絶大な | 103 |
| ☐ すくすく | すくすく | 114 | | ☐ せつない | 切ない | 86 |
| ☐ すくなくとも | 少なくとも* | 119 | | ☐ せつび | 設備* | 70 |
| ☐ すこやかな | 健やかな | 90 | | ☐ ぜつぼう(する) | 絶望(する) | 33 |

| | | |
|---|---|---|
| □せまい | 狭い* | 103 |
| □せまくるしい | 狭苦しい | 103 |
| □せまる | 迫る* | 18 |
| □せめて | せめて* | 119 |
| □せん | 栓* | 76 |
| □ぜんい | 善意 | 53 |
| □ぜんてい | 前提 | 59 |
| □ぜんと | 前途 | 59 |
| □せんもん | 専門* | 84 |
| □ぜんりょうな | 善良な | 98 |

## そ

| | | |
|---|---|---|
| □そあくな | 粗悪な | 98 |
| □そうおん | 騒音* | 82 |
| □ぞうか(する) | 増加(する)* | 30 |
| □そうさ(する) | 捜査(する) | 30 |
| □そうさ(する) | 操作(する)* | 35 |
| □そうさく(する) | 捜索(する) | 30 |
| □そうじゅう(する) | 操縦(する) | 35 |
| □そうぜつな | 壮絶な | 94 |
| □そうたいてきな | 相対的な | 100 |
| □そうち | 装置* | 70 |
| □そえる | 添える* | 15 |
| □そくしん(する) | 促進(する) | 29 |
| □ぞくする | 属する* | 23 |
| □ぞくぞくと | 続々と* | 115 |
| □そくばく(する) | 束縛(する) | 32 |
| □そざい | 素材 | 71 |
| □そし(する) | 阻止(する) | 28 |
| □そしき | 組織* | 57 |
| □そしょう | 訴訟 | 68 |
| □そそぐ | 注ぐ | 19 |
| □そそっかしい | そそっかしい* | 90 |
| □そっけない | そっけない | 94 |
| □そっと | そっと | 114 |
| □ぞっと | ぞっと | 110 |
| □そで | 袖* | 77 |
| □そなえる | 備える* | 20 |
| □そぼくな | 素朴な | 89 |
| □そまつな | 粗末な* | 100 |
| □そまる | 染まる | 16 |
| □そよそよ | そよそよ | 112 |
| □そわそわ | そわそわ | 111 |

## た

| | | |
|---|---|---|
| □たいかく | 体格 | 80 |
| □たいき | 大気* | 79 |
| □たいしゅう | 大衆 | 66 |
| □たいしょ(する) | 対処(する) | 35 |
| □たいしょうてきな | 対照的な* | 100, 107 |
| □たいしょく(する) | 退職(する) | 33 |
| □たいそう | 体操* | 73 |
| □たいだん(する) | 対談(する) | 31 |
| □だいたんな | 大胆な | 91 |
| □たいど | 態度* | 51 |
| □たいぼう | 待望 | 51 |
| □たいらな | 平らな* | 102 |

| | | |
|---|---|---|
| □たえず | 絶えず | 115 |
| □たえる | 耐える | 4 |
| □たえる | 絶える | 14 |
| □たおれる | 倒れる* | 18 |
| □だかい(する) | 打開(する) | 28 |
| □だきょう(する) | 妥協(する) | 34 |
| □だく | 抱く* | 9 |
| □たくましい | たくましい | 90 |
| □たくみな | 巧みな | 89 |
| □だけつ(する) | 妥結(する) | 34 |
| □たさいな | 多彩な | 103 |
| □たしかめる | 確かめる* | 4 |
| □たずさわる | 携わる | 12 |
| □たたえる | たたえる | 6 |
| □ただちに | 直ちに* | 116 |
| □たちさる | 立ち去る | 40 |
| □たちどまる | 立ち止まる* | 40 |
| □たちば | 立場* | 60 |
| □たちまち | たちまち* | 116 |
| □たちよる | 立ち寄る | 40 |
| □たつ | 断つ | 23 |
| □だっしゅつ | 脱出(する) | 26 |
| □たっする | 達する | 17 |
| □たっぷり | たっぷり* | 124 |
| □だとうな | 妥当な* | 98 |
| □たとえ | たとえ* | 122, 127 |
| □たね | 種* | 79 |
| □たのむ | 頼む | 5 |
| □たのもしい | 頼もしい* | 87 |
| □だは(する) | 打破(する) | 28 |
| □タフな | タフな | 90 |
| □だます | だます* | 6 |
| □たまたま | たまたま* | 116 |
| □たまに | たまに* | 116 |
| □たまる | たまる* | 15 |
| □ためし | 試し* | 50 |
| □ためす | 試す* | 4 |
| □ためらう | ためらう* | 4 |
| □たもつ | 保つ | 20 |
| □たような | 多様な | 103 |
| □たよる | 頼る* | 7 |
| □だらしない | だらしない | 90, 107 |
| □だるい | だるい | 87 |
| □たれる | 垂れる | 19 |
| □たんき | 短気 | 46 |
| □だんけつ(する) | 団結(する) | 32 |
| □たんしゅく(する) | 短縮(する) | 28 |
| □たんじゅんな | 単純な* | 103 |
| □たんしょ | 短所* | 57 |
| □たんちょうな | 単調な | 103, 107 |
| □たんぼ | 田んぼ* | 71 |

## ち

| | | |
|---|---|---|
| □ちあん | 治安 | 68 |
| □ちえ | 知恵* | 48 |
| □ちかぢか | 近々* | 117 |
| □ちかづく | 近づく | 18 |
| □ちからづよい | 力強い* | 101 |

| | | |
|---|---|---|
| □ちぎる | ちぎる* | 16 |
| □ちしき | 知識* | 48 |
| □ちせい | 知性 | 48 |
| □ちつじょ | 秩序 | 57 |
| □ちっとも | ちっとも* | 121 |
| □ちてきな | 知的な | 88 |
| □ちみつな | 緻密な | 100 |
| □ちゃくしゅ(する) | 着手(する) | 27 |
| □ちゃくちゃくと | 着々と | 115 |
| □ちゃくりく(する) | 着陸(する) | 27 |
| □ちゃっこう(する) | 着工(する) | 27 |
| □チャンス | チャンス* | 59 |
| □ちゅうこく(する) | 忠告(する) | 34 |
| □ちゅうし(する) | 中止(する)* | 28 |
| □ちゅうじつな | 忠実な | 88 |
| □ちゅうしょうてきな | 抽象的な* | 93 |
| □ちょうし | 調子* | 56 |
| □ちょうど | ちょうど* | 120 |
| □ちょうわ | 調和 | 57 |
| □ちょっかん | 直感 | 46 |
| □ちんぎん | 賃金 | 68, 84 |

## つ

| | | |
|---|---|---|
| □つい | つい | 118 |
| □ついに | ついに | 118 |
| □ついやす | 費やす | 7 |
| □ついらく(する) | 墜落(する) | 29 |
| □つうか | 通貨* | 68 |
| □つうじょう | 通常 | 116 |
| □つかまえる | 捕まえる* | 9 |
| □つかむ | つかむ* | 9 |
| □つかれる | 疲れる* | 2 |
| □つぎつぎに | 次々に | 115 |
| □つきなみな | 月並みな | 103 |
| □つきる | 尽きる | 14, 43 |
| □つくづく | つくづく | 110 |
| □つくりあげる | 作り上げる | 43 |
| □つける | 漬ける* | 19 |
| □つげる | 告げる | 5 |
| □つごう | 都合* | 56 |
| □つじつま | つじつま | 52 |
| □つたえる | 伝える* | 5 |
| □つとめる | 努める* | 3 |
| □つなみ | 津波 | 78 |
| □つねに | 常に* | 115, 127 |
| □つの | 角* | 80 |
| □つば | つば | 81 |
| □つぶす | つぶす* | 16 |
| □つぶやく | つぶやく | 4 |
| □つぼみ | つぼみ | 79 |
| □つまずく | つまずく | 10 |
| □つまむ | つまむ | 9 |
| □つむ | 積む* | 22 |
| □つめる | 詰める | 22 |
| □つや | つや* | 82 |
| □つやつや | つやつや | 112 |
| □つゆ | 露 | 78 |
| □つよきな | 強気な* | 91 |

| | | |
|---|---|---|
| □つらい | つらい* | 86 |
| □つらなる | 連なる | 22 |

## て

| | | |
|---|---|---|
| □てあて | 手当て | 70 |
| □ていか(する) | 低下(する)* | 29 |
| □ていきょう(する) | 提供(する) | 35 |
| □ていさい | 体裁 | 56 |
| □ていし(する) | 停止(する)* | 28 |
| □ていたい(する) | 停滞(する) | 28 |
| □ていねいな | 丁寧な* | 94 |
| □てうすな | 手薄な | 100 |
| □てがるな | 手軽な | 103, 107 |
| □てきかくな | 的確な* | 93 |
| □てきかくな | 適格な | 98 |
| □てきする | 適する* | 20 |
| □てきせつな | 適切な* | 98 |
| □てきとうな | 適当な* | 98 |
| □てきどな | 適度な* | 98 |
| □てきぱきと | てきぱきと | 113, 127 |
| □でこぼこ | でこぼこ* | 111 |
| □てごわい | 手ごわい | 101 |
| □でたらめな | でたらめな* | 91 |
| □てぢかな | 手近な | 103 |
| □てっきょ(する) | 撤去(する) | 27 |
| □てっきり | てっきり | 122 |
| □てったい(する) | 撤退(する) | 29 |
| □てつづき | 手続き* | 70 |
| □てばやい | 手早い | 103 |
| □デフレ | デフレ | 84 |
| □てま | 手間* | 70 |
| □てみじかな | 手短な | 103 |
| □デラックスな | デラックスな | 93 |
| □てる | 照る* | 21 |
| □てんかん(する) | 転換(する) | 26 |
| □てんき | 天気* | 78 |
| □てんこう | 天候* | 78 |
| □てんしゅつ(する) | 転出(する) | 26 |
| □てんじょう | 天井* | 76 |
| □でんとう | 伝統* | 73 |
| □テンポ | テンポ* | 61 |
| □てんらく(する) | 転落(する) | 29 |

## と

| | | |
|---|---|---|
| □どうかん | 同感 | 46 |
| □どうし | 同士 | 71 |
| □とうじょう(する) | 登場(する)* | 27 |
| □どうせ | どうせ* | 121 |
| □とうたつ(する) | 到達(する) | 27 |
| □とうち | 統治 | 68 |
| □とうちゃく(する) | 到着(する)* | 27 |
| □とうとう | とうとう* | 117 |
| □どうやら | どうやら | 122 |
| □どうりょう | 同僚* | 71, 84 |
| □とうろくする | 登録する | 43 |
| □とおざかる | 遠ざかる | 18 |
| □とかく | とかく* | 121 |

| | | | | | | |
|---|---|---|---|---|---|---|
| □ | どきどき | どきどき* | 111 | □ なまける | 怠ける* | 9 |
| □ | ときめく | ときめく | 2 | □ なみだ | 涙* | 81 |
| □ | とぎれる | 途切れる | 14 | □ なめらかな | 滑らかな | 102 |
| □ | どく | どく* | 18 | □ なめる | なめる | 8 |
| □ | どく | 毒* | 80 | □ なやみ | 悩み | 47 |
| □ | とくいな | 特異な | 104 | □ なる | 鳴る* | 20 |
| □ | とくぎ | 特技 | 72 | □ なれなれしい | なれなれしい | 94 |
| □ | どくさい | 独裁 | 68 | □ なれる | 慣れる* | 8 |
| □ | とげ | とげ | 80 | □ なんじゃくな | 軟弱な | 101 |
| □ | とける | 溶ける* | 17 | □ なんでも | 何でも* | 119 |
| □ | とじょう | 途上 | 59 | □ なんとか | 何とか* | 122 |
| □ | とちゅう | 途中 | 59 | □ なんとなく | 何となく* | 122 |
| □ | とっくに | とっくに* | 125 | | | |
| □ | とっさに | とっさに | 116 | **に** | | |
| □ | どっと | どっと* | 115 | | | |
| □ | とっぱ(する) | 突破(する) | 28 | □ にあう | 似合う* | 20 |
| □ | とても | とても* | 121 | □ にがい | 苦い* | 88 |
| □ | とどける | 届ける* | 17 | □ にぎやかな | にぎやかな* | 92 |
| □ | ととのう | 整う* | 20 | □ にぎる | 握る* | 10 |
| □ | とどまる | とどまる* | 19 | □ にくしみ | 憎しみ | 48 |
| □ | どなる | どなる* | 11 | □ にくたい | 肉体 | 80 |
| □ | とにかく | とにかく* | 121 | □ にくらしい | 憎らしい* | 86 |
| □ | とびあがる | 飛び上がる | 41 | □ にげる | 逃げる* | 18 |
| □ | とびこむ | 飛び込む* | 42 | □ にじむ | にじむ | 21 |
| □ | とびつく | 飛びつく | 41 | □ にやにや | にやにや | 112 |
| □ | とびまわる | 飛び回る | 41 | □ にゅうじょう(する) | 入場(する)* | 27 |
| □ | とぼしい | 乏しい | 105 | □ にらむ | にらむ* | 8 |
| □ | とまる | 泊まる* | 10 | □ にわかに | にわかに* | 118 |
| □ | とまる | 止まる* | 19 | □ にんじょう | 人情 | 47 |
| □ | ともばたらき | 共働き | 84 | □ にんむ | 任務 | 67 |
| □ | とりあえず | とりあえず | 118 | | | |
| □ | とりあげる | 取り上げる* | 40 | **ぬ** | | |
| □ | とりくむ | 取り組む* | 40 | | | |
| □ | とりけす | 取り消す* | 40 | □ ぬるい | ぬるい* | 88 |
| □ | どんかんな | 鈍感な | 88 | □ ぬれる | ぬれる* | 21 |

**な**

| | | | | | | |
|---|---|---|---|---|---|---|
| | | | | **ね** | | |
| □ | ないしん | 内心 | 51 | | | |
| □ | ないよう | 内容* | 56 | □ ね | 根* | 80 |
| □ | なかなか | なかなか* | 120 | □ ねがい | 願い* | 52 |
| □ | なかみ | 中身* | 56 | □ ねぎらう | ねぎらう | 6 |
| □ | ながめ | 眺め* | 78 | □ ねたむ | ねたむ | 11 |
| □ | ながめる | 眺める* | 11 | □ ねだる | ねだる | 5 |
| □ | なく | 泣く* | 3 | □ ねだん | 値段* | 69 |
| □ | なく | 鳴く* | 21 | □ ねつい | 熱意 | 51 |
| □ | なぐさめる | 慰める* | 6 | □ ねっしんな | 熱心な* | 88 |
| □ | なくす | なくす* | 14 | □ ネットワーク | ネットワーク | 70 |
| □ | なげく | 嘆く* | 3 | □ ねづよい | 根強い | 101 |
| □ | なごやかな | 和やかな | 94 | □ ねばり | 粘り* | 82 |
| □ | なさけ | 情け | 47 | □ ねむい | 眠い* | 87 |
| □ | なさけない | 情けない | 86 | □ ねらい | ねらい* | 50 |
| □ | なだらかな | なだらかな* | 102 | □ ねらう | ねらう | 8 |
| □ | なだれ | 雪崩 | 78 | □ ねんがん | 念願 | 52 |
| □ | なつかしい | 懐かしい* | 86 | | | |
| □ | なでる | なでる* | 9 | **の** | | |
| □ | なにしろ | 何しろ* | 121 | | | |
| □ | なにぶん | 何分* | 121 | □ のうりつ | 能率* | 61 |
| □ | なまいきな | 生意気な* | 90 | □ のうりょく | 能力* | 62 |
| | | | | □ のがれる | 逃れる | 18 |

| | | | | | | |
|---|---|---|---|---|---|---|
| □のこる | 残る* | 19 | | □はんかん | 反感 | 48 |
| □のぞく | 除く* | 14 | | □はんきょう | 反響 | 83 |
| □のぞましい | 望ましい | 96 | | □はんけつ | 判決 | 68 |
| □のぞみ | 望み* | 51 | | □はんこう | 犯行 | 67 |
| □のぞむ | 望む* | 4 | | □はんざい | 犯罪* | 67 |
| □ののしる | ののしる | 5 | | □はんしょく(する) | 繁殖(する) | 30 |
| □のろい | のろい* | 102 | | □はんだん(する) | 判断(する)* | 33 |
| □のんびり | のんびり* | 110 | | □はんとう | 半島* | 79 |

## は

## ひ

| | | | | | | |
|---|---|---|---|---|---|---|
| □ばあい | 場合* | 60 | | □ひかえる | 控える | 15 |
| □はいき(する) | 廃棄(する) | 27 | | □ひきうける | 引き受ける* | 40 |
| □ばいきん | ばい菌 | 79 | | □ひきかえす | 引き返す* | 40 |
| □はいじょ(する) | 排除(する) | 27 | | □ひきとめる | 引き留める | 40 |
| □パイプ | パイプ* | 76 | | □びくびく | びくびく | 111 |
| □はいぶん(する) | 配分(する) | 32 | | □ひごろ | 日頃 | 59 |
| □はいりょ(する) | 配慮(する) | 33 | | □ひざ | 膝* | 80 |
| □はかい(する) | 破壊(する) | 30 | | □ひさんな | 悲惨な | 94 |
| □はかない | はかない | 104 | | □ひじ | 肘* | 80 |
| □ばかばかしい | ばかばかしい | 86 | | □ひそひそ | ひそひそ | 124 |
| □はき(する) | 破棄(する) | 27 | | □ひたい | 額* | 81 |
| □はく | 吐く* | 8 | | □ひたすら | ひたすら | 120 |
| □ばくだいな | 莫大な* | 103 | | □ひっかかる | ひっかかる* | 19 |
| □ばくは(する) | 爆破(する) | 30 | | □びっくり | びっくり* | 110 |
| □ばくはつ(する) | 爆発(する)* | 30 | | □ひっくりかえす | ひっくり返す* | 19 |
| □はげしい | 激しい* | 101 | | □びっしょり | びっしょり | 127 |
| □はげます | 励ます | 6 | | □ぴったり | ぴったり* | 111 |
| □はげむ | 励む | 3 | | □ひとえに | ひとえに | 120 |
| □ばける | 化ける* | 15 | | □ひとがら | 人柄 | 58 |
| □はけん | 派遣 | 71, 84 | | □ひとしい | 等しい* | 99 |
| □はさむ | 挟む | 22 | | □ひとまず | ひとまず* | 118 |
| □はし | 端* | 60 | | □ひなん(する) | 避難(する) | 29 |
| □はしゃぐ | はしゃぐ | 9 | | □ひにく | 皮肉* | 52 |
| □はしら | 柱* | 76 | | □ひにひに | 日に日に | 117 |
| □はずす | 外す* | 14 | | □ひねる | ひねる* | 16 |
| □はそん(する) | 破損(する) | 30 | | □ひはん(する) | 批判(する)* | 33, 52 |
| □はたけ | 畑* | 71 | | □ひびく | 響く* | 20 |
| □はたして | 果たして* | 122 | | □ひひょう(する) | 批評(する)* | 33 |
| □はたす | 果たす | 11 | | □ひも | ひも* | 76 |
| □はっき(する) | 発揮(する)* | 27, 37 | | □ひょう | ひょう* | 78 |
| □はっそう | 発想* | 49 | | □ひよう | 費用* | 69 |
| □はったつ(する) | 発達(する)* | 29 | | □ひょうか(する) | 評価(する)* | 33, 52 |
| □ばったり | ばったり* | 114 | | □ひょうし | 拍子 | 61 |
| □はってん(する) | 発展(する)* | 29 | | □ひょうじゅん | 標準* | 61 |
| □はっと | はっと | 110 | | □びょうどうな | 平等な* | 94 |
| □はなやかな | 華やかな | 92, 107 | | □ひょうばん | 評判* | 52 |
| □はなればなれに | 離れ離れに | 123 | | □ひょっとしたら | ひょっとしたら | 122 |
| □はぶく | 省く* | 14 | | □ひよわな | ひ弱な | 101, 107 |
| □はめる | はめる | 21 | | □ひらたい | 平たい* | 102 |
| □ばめん | 場面* | 60 | | □ひらひら | ひらひら | 114 |
| □はやる | はやる* | 43 | | □ひろば | 広場* | 71 |
| □はらはら | はらはら | 111 | | □ひろまる | 広まる | 15 |
| □ばらばらに | ばらばらに | 123 | | □ひん | 品* | 57 |
| □バランス | バランス* | 57, 84 | | □ピン | ピン | 77 |
| □はりきる | 張り切る* | 3 | | □ひんじゃくな | 貧弱な | 100 |
| □はれつ(する) | 破裂(する) | 30 | | | | |
| □はれる | 腫れる | 17 | | | | |
| □はんい | 範囲* | 60 | | | | |

## ふ

| | | |
|---|---|---|
| □ファスナー | ファスナー* | 77 |
| □ふうけい | 風景* | 78 |
| □ふうさ(する) | 封鎖(する) | 32 |
| □ふかけつな | 不可欠な | 99 |
| □ぶきみな | 不気味な | 86 |
| □ふく | 吹く* | 8 |
| □ふくむ | 含む* | 20 |
| □ふくらむ | 膨らむ* | 15 |
| □ふごうりな | 不合理な | 99 |
| □ふざける | ふざける* | 9 |
| □ふさわしい | ふさわしい | 99 |
| □ふしぎな | 不思議な* | 93 |
| □ぶじな | 無事な* | 99 |
| □ふせい | 不正* | 67 |
| □ふた | 蓋* | 76 |
| □ぶたい | 舞台* | 73 |
| □ふたたび | 再び* | 116 |
| □ふだん | 普段* | 116 |
| □ふち | 縁* | 60 |
| □ふてぶてしい | ふてぶてしい | 89 |
| □ふとうな | 不当な | 99 |
| □ぶなんな | 無難な | 99 |
| □ぶひん | 部品* | 71 |
| □ふへい | 不平* | 47 |
| □ふまん | 不満* | 47 |
| □ふむ | 踏む* | 10 |
| □ふめいな | 不明な | 93 |
| □ふよういな | 不用意な | 88 |
| □ふような | 不要な | 99 |
| □ぶらさがる | ぶら下がる | 19 |
| □ふらふら | ふらふら | 114 |
| □ぶらぶら | ぶらぶら | 114 |
| □ぷりぷり | ぷりぷり | 112 |
| □ふる | 振る* | 10 |
| □ふるえる | 震える | 19 |
| □ぶるぶる | ぶるぶる | 115 |
| □プロ | プロ* | 70 |
| □ふんいき | 雰囲気* | 56 |
| □ふんがい(する) | 憤慨(する) | 32 |
| □ふんそう | 紛争 | 74 |
| □ぶんたん(する) | 分担(する) | 32, 66 |
| □ぶんぱい(する) | 分配(する) | 32 |
| □ぶんや | 分野* | 60 |

## へ

| | | |
|---|---|---|
| □へいいな | 平易な | 104 |
| □へいおんな | 平穏な | 99 |
| □へいじょう | 平常 | 59 |
| □へいたんな | 平坦な | 102 |
| □ベテラン | ベテラン* | 70, 84 |
| □へとへと | へとへと | 110, 127 |
| □へんか(する) | 変化(する)* | 26 |
| □へんけん | 偏見 | 49 |
| □へんこう(する) | 変更(する)* | 26 |
| □へんさち | 偏差値 | 84 |
| □へんせん | 変遷 | 66 |
| □へんどう(する) | 変動(する) | 26 |

## ほ

| | | |
|---|---|---|
| □ほうかい(する) | 崩壊(する) | 30 |
| □ほうき(する) | 放棄(する) | 27 |
| □ほうこう | 方向* | 60 |
| □ぼうし(する) | 防止(する)* | 28 |
| □ほうしゃのう | 放射能 | 79 |
| □ほうしゅう | 報酬 | 68 |
| □ぼうぜんと | ぼうぜんと | 125 |
| □ほうび | ほうび | 84 |
| □ほうめん | 方面* | 60 |
| □ぼうらく(する) | 暴落(する) | 29 |
| □ほえる | ほえる* | 21 |
| □ホース | ホース | 76 |
| □ほかく(する) | 捕獲(する) | 35 |
| □ほこり | 誇り* | 51 |
| □ほこる | 誇る | 3 |
| □ほそながい | 細長い | 102 |
| □ほっそく(する) | 発足(する) | 27 |
| □ほっそり | ほっそり | 111 |
| □ほっぺた | ほっぺた | 81 |
| □ほほえましい | ほほえましい | 87 |
| □ほめる | 褒める* | 6 |
| □ぼやく | ぼやく | 5 |
| □ボランティア | ボランティア | 84 |
| □ポリエステル | ポリエステル | 77 |
| □ほろびる | 滅びる | 14 |
| □ほんかくてきな | 本格的な | 98 |
| □ほんね | 本音 | 51 |
| □ほんやく | 翻訳 | 53 |
| □ぼんやり | ぼんやり* | 110 |

## ま

| | | |
|---|---|---|
| □まえおき | 前置き | 53 |
| □まかせる | 任せる | 7 |
| □まかなう | まかなう | 7 |
| □まぎらわしい | 紛らわしい | 99 |
| □まげる | 曲げる* | 16 |
| □まごころ | 真心 | 48 |
| □まごつく | まごつく* | 2 |
| □まごまご | まごまご* | 124 |
| □まさか | まさか* | 121 |
| □まさに | まさに* | 120 |
| □ます | 増す* | 15 |
| □マスコミ | マスコミ | 70, 84 |
| □まぜる | 混ぜる* | 20 |
| □また | また | 116 |
| □まちかねる | 待ちかねる | 41 |
| □まちかまえる | 待ち構える | 41 |
| □まちどおしい | 待ち遠しい | 96 |
| □まちのぞむ | 待ち望む | 41 |
| □まったく | 全く* | 119 |
| □まつり | 祭り* | 73 |
| □まなぶ | 学ぶ* | 8 |
| □まぬがれる | 免れる | 6 |

索引 **141**

| | | | | | | |
|---|---|---|---|---|---|---|
| ☐ まねる | まねる* | 8 | | ☐ メディア | メディア | 70, 84 |
| ☐ まぶた | まぶた* | 81 | | ☐ めど | めど | 58 |
| ☐ まよい | 迷い* | 49 | | ☐ めまぐるしい | 目まぐるしい | 103 |
| ☐ まるっきり | まるっきり | 121, 127 | | ☐ めんだん(する) | 面談(する) | 31 |
| ☐ まるで | まるで* | 120 | | ☐ めんどうくさい | 面倒くさい* | 87 |
| ☐ まわる | 回る* | 19 | | | | |
| ☐ まんいち | 万一* | 122 | | **も** | | |

## み

| | | | | | | |
|---|---|---|---|---|---|---|
| ☐ み | 実 | 79 | | ☐ もうてん | 盲点 | 60 |
| ☐ みあわせる | 見合わせる | 40 | | ☐ もうれつな | 猛烈な | 106 |
| ☐ みおとす | 見落とす | 40 | | ☐ もくてき | 目的* | 58 |
| ☐ みかけ | 見かけ* | 56 | | ☐ もくひょう | 目標* | 58 |
| ☐ みき | 幹 | 80 | | ☐ もぐる | 潜る* | 19 |
| ☐ みぐるしい | 見苦しい | 91 | | ☐ もさく(する) | 模索(する) | 30 |
| ☐ みごとな | 見事な* | 100 | | ☐ もしかすると | もしかすると* | 121 |
| ☐ みこみ | 見込み | 49 | | ☐ もたらす | もたらす | 17 |
| ☐ みさき | 岬* | 79 | | ☐ もちいる | 用いる | 10 |
| ☐ みじめな | 惨めな | 94 | | ☐ もったいない | もったいない* | 86 |
| ☐ みずから | 自ら* | 113 | | ☐ もっと | もっと* | 119 |
| ☐ みずけ | 水気 | 79 | | ☐ もっぱら | もっぱら | 120 |
| ☐ みぞれ | みぞれ | 78 | | ☐ もどる | 戻る* | 18 |
| ☐ みっせつな | 密接な | 100 | | ☐ ものおと | 物音* | 82 |
| ☐ みっともない | みっともない* | 91 | | ☐ ものずきな | 物好きな | 96 |
| ☐ みつめる | 見つめる* | 8 | | ☐ もはや | もはや | 117 |
| ☐ みとおし | 見通し | 49 | | ☐ もめる | もめる* | 7 |
| ☐ みなおす | 見直す* | 40 | | ☐ もめん | 木綿* | 77 |
| ☐ みなす | 見なす | 11, 43 | | ☐ もれる | 漏れる | 19 |
| ☐ みにくい | 醜い* | 91 | | ☐ もろい | もろい | 91 |
| ☐ みほん | 見本* | 71 | | | | |
| ☐ みゃくはく | 脈拍 | 81 | | **や** | | |
| ☐ みんかん | 民間* | 66 | | | | |

| | | | | | | |
|---|---|---|---|---|---|---|
| | | | | ☐ やかましい | やかましい* | 92 |

## む

| | | | | | | |
|---|---|---|---|---|---|---|
| | | | | ☐ やくわり | 役割* | 66 |
| ☐ むかんしんな | 無関心な | 88 | | ☐ やけど | やけど* | 81 |
| ☐ むく | むく* | 16 | | ☐ やじる | やじる | 5 |
| ☐ むく | 向く* | 43 | | ☐ やたらに | やたらに | 120 |
| ☐ むくむ | むくむ | 17 | | ☐ やっと | やっと* | 117 |
| ☐ むしあつい | 蒸し暑い* | 88 | | ☐ やぶる | 破る* | 16 |
| ☐ むしゃくしゃ | むしゃくしゃ | 110, 127 | | ☐ やむ | やむ* | 14 |
| ☐ むしろ | むしろ | 122 | | ☐ やや | やや* | 120 |
| ☐ むすびつき | 結びつき | 58 | | | | |
| ☐ むだづかい | 無駄遣い | 69 | | **ゆ** | | |
| ☐ むちゅう | 夢中* | 52 | | | | |
| ☐ むなしい | 空しい | 104 | | ☐ ゆううつな | ゆううつな | 87 |
| ☐ むりな | 無理な* | 99 | | ☐ ゆうがな | 優雅な | 92 |
| ☐ むろん | 無論* | 121 | | ☐ ゆうき | 勇気* | 51 |
| | | | | ☐ ゆうこうな | 有効な* | 98 |

## め

| | | | | | | |
|---|---|---|---|---|---|---|
| | | | | ☐ ゆうしゅうな | 優秀な* | 100 |
| ☐ め | 芽* | 80 | | ☐ ゆうのうな | 有能な* | 89 |
| ☐ めいかくな | 明確な* | 93 | | ☐ ゆうゆうと | ゆうゆうと* | 113 |
| ☐ メーター | メーター* | 76 | | ☐ ゆか | 床* | 76 |
| ☐ めぐまれる | 恵まれる* | 7 | | ☐ ゆがめる | ゆがめる | 16 |
| ☐ めぐる | 巡る* | 23 | | ☐ ゆくえ | 行方* | 60 |
| ☐ めっきり | めっきり* | 115 | | ☐ ゆしゅつ(する) | 輸出(する)* | 43 |
| ☐ めったに | めったに* | 116, 118 | | ☐ ゆずる | 譲る* | 7 |
| | | | | ☐ ゆっくり | ゆっくり* | 127 |
| | | | | ☐ ゆとり | ゆとり | 63 |
| | | | | ☐ ゆらゆら | ゆらゆら | 115 |
| | | | | ☐ ゆるす | 許す* | 7 |

| | | |
|---|---|---|
| □ゆるやかな | 緩やかな | 102 |
| □ゆれる | 揺れる* | 19 |

## よ

| | | |
|---|---|---|
| □よういな | 容易な* | 104 |
| □よういん | 要因 | 59 |
| □ようし | 要旨* | 52 |
| □ようす | 様子* | 56 |
| □ようせい(する) | 要請(する) | 34 |
| □ようちな | 幼稚な* | 90 |
| □ようやく | ようやく* | 118 |
| □よけいに | 余計に | 119 |
| □よける | よける | 6 |
| □よごれる | 汚れる* | 16 |
| □よそよそしい | よそよそしい | 94 |
| □よち | 余地 | 61 |
| □よのなか | 世の中* | 66, 84 |
| □よぶん | 余分* | 61 |
| □よぼう(する) | 予防(する)* | 28 |
| □よゆう | 余裕 | 61 |
| □よりかかる | 寄りかかる | 22 |
| □よりそう | 寄り添う | 22 |
| □よろん | 世論 | 66 |
| □よわめる | 弱める | 15 |

## ら

| | | |
|---|---|---|
| □らくな | 楽な* | 88 |
| □らっか(する) | 落下(する) | 29 |

## り

| | | |
|---|---|---|
| □りえき | 利益* | 69 |
| □りくつ | 理屈 | 52 |
| □リズム | リズム* | 61 |
| □りせい | 理性 | 48 |
| □りっぱな | 立派な* | 105 |
| □りゅうこう | 流行* | 73 |
| □りよう(する) | 利用(する)* | 31, 43 |
| □りょういき | 領域 | 60 |
| □りょうこうな | 良好な | 98 |
| □りょうしき | 良識 | 48 |
| □りょうしん | 良心 | 48 |

## れ

| | | |
|---|---|---|
| □れいぎ | 礼儀* | 72 |
| □れいせん | 冷戦 | 74 |
| □れいたんな | 冷淡な | 94 |
| □レクリエーション | レクリエーション* | 73 |

## ろ

| | | |
|---|---|---|
| □ろうひ | 浪費 | 69 |
| □ろうりょく | 労力 | 62 |
| □ろくに | ろくに | 118 |
| □ロマンチックな | ロマンチックな | 93 |
| □ろんり | 論理 | 52 |
| □ろんりてきな | 論理的な | 93 |

## わ

| | | |
|---|---|---|
| □わかい | 若い* | 104 |
| □わがままな | わがままな* | 90 |
| □わかわかしい | 若々しい* | 104, 107 |
| □わき | 脇* | 81 |
| □わく | 湧く* | 21 |
| □わくわく | わくわく | 111 |
| □わざと | わざと* | 113 |
| □わざわざ | わざわざ | 113 |
| □わずかな | わずかな* | 105 |
| □わずらわしい | 煩わしい | 87, 107 |
| □わりに | 割に | 119 |
| □わん | 湾* | 79 |

著者（五十音順）
大矢根祐子
寺田和子
東郷久子
増井世紀子

装丁・本文デザイン
伊藤祝子

短期合格 日本語能力試験 N1・N2 語彙

2012年 5 月22日　初版第 1 刷発行
2024年 6 月21日　第 7 刷 発 行

著　者　大矢根祐子　寺田和子　東郷久子　増井世紀子
発行者　藤嵜政子
発　行　株式会社スリーエーネットワーク
　　　　〒102-0083　東京都千代田区麹町3丁目4番
　　　　　　　　　　トラスティ麹町ビル2F
　　　　電話　営業　03（5275）2722
　　　　　　　編集　03（5275）2725
　　　　https://www.3anet.co.jp/
印　刷　株式会社シナノ

ISBN978-4-88319-597-8 C0081
落丁・乱丁本はお取替えいたします。
本書の全部または一部を無断で複写複製（コピー）することは著作権法上での例外を除き、禁じられています。

# 短期合格 日本語能力試験 N1·N2 語彙 解答

動詞 …………… 1
名詞 …………… 3
形容詞 ………… 6
副詞 …………… 7
コラム ………… 8

スリーエーネットワーク

# 1-1 動詞(精神、行為)

### 練習問題 ①

**a. 感覚、感情**
(1) ①a②b③c　(2) ①b②c③a　(3) ①c②b③a　(4) ①a②c③b
(5) ①c②a③b　(6) ①b②c③a　(7) ①a②b③c　(8) ①a②c③b
(9) ①a②b③c

**b. 思考、意志**
(1) ①c②b③a　(2) ①b②c③a　(3) ①a②c③b　(4) ①c②b③a
(5) ①b②c③a

**c. 言語活動**
(1) ①c②b③a　(2) ①c②a③b　(3) ①c②b③a　(4) ①a②b③c
(5) ①a②b③c

**d. 社会的行為**
(1) ①b②a③c　(2) ①c②b③a　(3) ①a②c③b　(4) ①a②b③c
(5) ①b②c③a　(6) ①b②a③c　(7) ①b②a③c　(8) ①a②c③b
(9) ①b②a③c　(10) ①a②c③b　(11) ①a②b③c　(12) ①b②a③c
(13) ①a②c③b

**e. 動作**
(1) ①b②c③a　(2) ①a②c③b　(3) ①b②c③a　(4) ①c②a③b
(5) ①b②a③c　(6) ①c②b③a　(7) ①b②c③a　(8) ①a②b③c
(9) ①a②c③b　(10) ①a②c③b　(11) ①c②b③a　(12) ①a②b③c
(13) ①b②a③c

### 練習問題 ②
(1) 2　(2) 4　(3) 3　(4) 1　(5) 3　(6) 4　(7) 2　(8) 3


# 1-2 動詞(変化、動き)

### 練習問題 ①

**a. 消える、なくなる、終わるなど**
(1) ①c②b③a　(2) ①a②c③b　(3) ①a②b③c　(4) ①c②b③a
(5) ①b②a③c

**b. 変化、変形**
(1) ①b②a③c　(2) ①b②c③a　(3) ①a②c③b　(4) ①c②a③b
(5) ①b②a③c　(6) ①a②b③c　(7) ①c②b③a　(8) ①a②b③c
(9) ①b②c③a　(10) ①c②b③a　(11) ①a②c③b　(12) ①c②a③b

(13) ①b②c③a  (14) ①a②b③c

c．移動

(1) ①a②b③c  (2) ①a②b③c  (3) ①c②b③a  (4) ①b②c③a
(5) ①a②c③b  (6) ①c②b③a

d．物の動き

(1) ①b②c③a  (2) ①c②b③a  (3) ①c②a③b  (4) ①c②b③a
(5) ①a②b③c  (6) ①a②b③c  (7) ①b②a③c

e．物と物の関係

(1) ①a②b③c  (2) ①c②b③a  (3) ①a②b③c  (4) ①a②b③c
(5) ①c②b③a

f．自然現象

(1) ①b②a③c  (2) ①b②c③a  (3) ①b②a③c  (4) ①a②b③c

g．その他

(1) ①a②c③b  (2) ①a②b③c  (3) ①c②b③a  (4) ①b②a③c

**練習問題 ②**

(1) 2  (2) 4  (3) 3  (4) 1  (5) 4


# 1 ❸ 動詞（する動詞）

**練習問題 ①**

(1) ①b②c③a  (2) ①a②c③b  (3) ①b②a③c  (4) ①a②c③b
(5) ①c②b③a  (6) ①b②c③a  (7) ①a②c③b  (8) ①b②a③c
(9) ①c②a③b  (10) ①b②a③c  (11) ①a②c③b  (12) ①c②a③b
(13) ①c②b③a  (14) ①b②c③a  (15) ①a②b③c  (16) ①c②b③a
(17) ①c②a③b  (18) ①a②b③c  (19) ①a②c③b  (20) ①c②b③a
(21) ①b②a③c  (22) ①c②b③a  (23) ①c②b③a  (24) ①a②c③b
(25) ①c②a③b  (26) ①b②c③a  (27) ①c②a③b  (28) ①a②b③c
(29) ①c②b③a  (30) ①a②b③c  (31) ①b②a③c  (32) ①b②c③a
(33) ①c②b③a  (34) ①a②c③b  (35) ①b②c③a  (36) ①b②a③c
(37) ①c②b③a  (38) ①c②a③b  (39) ①c②a③b  (40) ①b②c③a
(41) ①b②a③c  (42) ①c②a③b  (43) ①a②c③b  (44) ①b②c③a
(45) ①b②c③a  (46) ①a②b③c  (47) ①b②c③a  (48) ①a②b③c
(49) ①b②a③c  (50) ①a②b③c  (51) ①c②b③a  (52) ①a②c③b
(53) ①a②c③b  (54) ①c②b③a  (55) ①a②b③c  (56) ①b②a③c

**練習問題 ②**

(1) 3  (2) 3  (3) 1  (4) 4  (5) 2  (6) 3  (7) 1  (8) 1  (9) 4  (10) 2

# 1-4 複合動詞

**練習問題 ①**

(1) ①b②a③c　(2) ①a②b③c　(3) ①a②b③c　(4) ①c②b③a
(5) ①c②a③b　(6) ①b②c③a　(7) ①a②b③c　(8) ①b②c③a
(9) ①a②c③b　(10) ①c②a③b　(11) ①a②b③c　(12) ①a②c③b
(13) ①b②a③c

**練習問題 ②**

(1) 3　(2) 2　(3) 2　(4) 1　(5) 4

**長文問題**

Ⅰ ①はやって　②異なる　③指す　④探って　⑤挙げる　⑥集め(て)　⑦輸出する　⑧作り上げて　⑨見なし(て)／見なされ(て)

Ⅱ ①利用し(て)　②参加し(て)　③受ける　④向いて　⑤尽き　⑥登録し(て)　⑦得た　⑧行動して

# 2-1 名詞(人間について)

**練習問題 ①**

### a. 感覚、感情

(1) ①c②b③a　(2) ①a②c③b　(3) ①b②c③a　(4) ①a②b③c
(5) ①c②b③a　(6) ①b②a③c　(7) ①c②a③b　(8) ①c②a③b
(9) ①a②b③c　(10) ①c②a③b　(11) ①c②a③b　(12) ①a②b③c
(13) ①b②a③c　(14) ①a②b③c

### b. 思考

(1) ①b②c③a　(2) ①c②a③b　(3) ①b②c③a　(4) ①b②c③a
(5) ①c②b③a　(6) ①a②b③c　(7) ①c②b③a　(8) ①a②b③c
(9) ①b②c③a

### c. 自我、意志

(1) ①c②a③b　(2) ①a②b③c　(3) ①b②a③c　(4) ①c②b③a
(5) ①b②a③c　(6) ①a②c③b　(7) ①a②c③b　(8) ①c②a③b

### d. 言語活動、論理

(1) ①a②c③b　(2) ①c②b③a　(3) ①b②c③a　(4) ①b②c③a

**練習問題 ②**

(1) 2　(2) 4　(3) 3　(4) 1　(5) 2

## 2-② 名詞（抽象的な物事）

### 練習問題 ①

**a．人や物の状態、特徴**
(1) ①a②b③c  (2) ①a②b③c  (3) ①b②a③c  (4) ①c②a③b
(5) ①b②c③a  (6) ①a②b③c  (7) ①a②c③b  (8) ①a②b③c
(9) ①a②c③b  (10) ①c②a③b  (11) ①c②a③b

**b．関係**
(1) ①c②b③a  (2) ①b②a③c  (3) ①b②a③c  (4) ①c②a③b
(5) ①a②c③b  (6) ①a②b③c

**c．時　d．場所、範囲**
(1) ①a②c③b  (2) ①a②b③c  (3) ①b②a③c  (4) ①b②c③a
(5) ①c②b③a  (6) ①b②c③a  (7) ①b②c③a  (8) ①c②a③b
(9) ①c②a③b

**e．量、程度**
(1) ①b②c③a  (2) ①c②a③b  (3) ①b②c③a  (4) ①c②b③a
(5) ①c②b③a  (6) ①a②c③b

### 練習問題 ②
(1) 3　(2) 4　(3) 1　(4) 2　(5) 1

## 2-③ 名詞（社会について）

### 練習問題 ①

**a．社会、国際**
(1) ①a②b③c  (2) ①b②a③c  (3) ①a②b③c  (4) ①b②c③a
(5) ①a②c③b  (6) ①a②c③b  (7) ①b②c③a  (8) ①c②b③a
(9) ①a②b③c  (10) ①a②b③c

**b．司法、行政、立法**
(1) ①c②a③b  (2) ①c②b③a

**c．経済**
(1) ①a②b③c  (2) ①c②a③b  (3) ①c②a③b  (4) ①a②b③c
(5) ①c②b③a  (6) ①c②a③b  (7) ①b②c③a  (8) ①c②b③a

**d．仕事、産業**
(1) ①a②b③c  (2) ①b②a③c  (3) ①c②a③b  (4) ①a②c③b
(5) ①a②c③b  (6) ①c②b③a  (7) ①c②b③a  (8) ①b②c③a
(9) ①c②b③a  (10) ①a②b③c  (11) ①b②c③a

e．科学、文化
(1) ①a②b③c (2) ①b②c③a (3) ①b②c③a (4) ①a②c③b
(5) ①b②c③a (6) ①b②a③c (7) ①c②a③b (8) ①a②b③c
(9) ①a②c③b

### 練習問題 ②
(1) 4 (2) 1 (3) 3 (4) 2 (5) 3 (6) 3

## 2 名詞（衣食住、自然）

### 練習問題 ①
a．衣食住、道具など
(1) ①a②c③b (2) ①b②c③a (3) ①c②b③a (4) ①a②c③b
(5) ①b②a③c (6) ①a②b③c (7) ①c②a③b (8) ①c②a③b
(9) ①c②b③a (10) ①c②b③a (11) ①c②a③b (12) ①c②b③a

b．自然
(1) ①b②a③c (2) ①c②a③b (3) ①c②a③b (4) ①c②b③a
(5) ①a②b③c (6) ①a②b③c (7) ①b②c③a (8) ①c②a③b

c．生物
(1) ①a②c③b (2) ①c②b③a (3) ①a②b③c (4) ①a②c③b
(5) ①c②a③b (6) ①b②c③a

d．身体、その他
(1) ①a②b③c (2) ①b②c③a (3) ①a②c③b (4) ①a②b③c
(5) ①b②c③a (6) ①b②a③c (7) ①c②a③b (8) ①c②b③a
(9) ①b②c③a

e．感覚を刺激するもの
(1) ①b②c③a (2) ①a②c③b

### 練習問題 ②
(1) 1 (2) 4 (3) 2 (4) 3 (5) 3

### 長文問題
Ⅰ ①マスコミ ②企業 ③キャリア ④専門 ⑤ベテラン ⑥メディア ⑦共働き ⑧下請け
　⑨派遣 ⑩同僚 ⑪施設 ⑫ボランティア ⑬世の中
Ⅱ ①景気 ②収益 ③赤字 ④経費 ⑤賃金 ⑥経営 ⑦雇用 ⑧消費 ⑨価格 ⑩デフレ
Ⅲ ①教育 ②学力 ③偏差値 ④教科 ⑤意欲 ⑥実施 ⑦成績 ⑧ほうび ⑨教養 ⑩バランス

## 3-1 形容詞(精神、行為)

### 練習問題 ①

**a．感覚、感情**

(1) ①c②b③a (2) ①b②c③a (3) ①a②c③b (4) ①b②c③a
(5) ①b②a③c (6) ①c②a③b (7) ①c②b③a (8) ①b②c③a
(9) ①c②a③b (10) ①c②b③a (11) ①a②b③c (12) ①c②a③b
(13) ①b②a③c (14) ①a②b③c

**b．人の特性・動作**

(1) ①a②b③c (2) ①a②b③c (3) ①b②a③c (4) ①b②a③c
(5) ①a②c③b (6) ①a②c③b (7) ①a②c③b (8) ①b②c③a
(9) ①c②a③b (10) ①c②b③a (11) ①c②b③a (12) ①b②c③a
(13) ①c②b③a (14) ①b②a③c (15) ①a②b③c

**c．物事の特性・状態**

(1) ①c②a③b (2) ①b②c③a (3) ①a②c③b (4) ①c②b③a
(5) ①a②b③c (6) ①c②b③a (7) ①b②c③a (8) ①a②b③c
(9) ①a②c③b (10) ①b②c③a (11) ①c②a③b (12) ①c②a③b
(13) ①b②a③c (14) ①b②a③c

**d．人に対する態度**

(1) ①c②a③b (2) ①a②b③c (3) ①b②a③c (4) ①c②a③b

### 練習問題 ②

(1) 4 (2) 2 (3) 1 (4) 4 (5) 3 (6) 1 (7) 1 (8) 1 (9) 2 (10) 3 (11) 2

## 3-2 形容詞(物事の様子)

### 練習問題 ①

**a．物事の良・不良、適・不適**

(1) ①a②c③b (2) ①c②b③a (3) ①c②b③a (4) ①b②c③a
(5) ①a②c③b (6) ①c②a③b (7) ①c②a③b (8) ①c②a③b
(9) ①b②a③c

**b．調子、出来具合**

(1) ①b②c③a (2) ①b②c③a (3) ①a②b③c (4) ①b②c③a
(5) ①b②c③a (6) ①b②a③c (7) ①c②b③a

**c．強弱**

(1) ①c②a③b (2) ①a②b③c (3) ①c②b③a (4) ①c②b③a

d．形状
(1) ①c ②a ③b　(2) ①b ②a ③c　(3) ①a ②c ③b

e．速い・遅い／多い・少ない
(1) ①b ②a ③c　(2) ①c ②a ③b　(3) ①b ②a ③c　(4) ①a ②b ③c
(5) ①c ②a ③b　(6) ①c ②a ③b　(7) ①c ②a ③b

f．特異・平凡
(1) ①b ②c ③a　(2) ①a ②c ③b

g．その他
(1) ①b ②a ③c　(2) ①b ②a ③c　(3) ①b ②c ③a　(4) ①c ②a ③b

**練習問題 ②**
(1) 2　(2) 3　(3) 4　(4) 4　(5) 1　(6) 1　(7) 2　(8) 3　(9) 2

**長文問題**
Ⅰ ①几帳面な　②だらしない　③ひ弱な　④丈夫　⑤消極的　⑥おとなしかった　⑦素直な
　⑧頑固　⑨温和　⑩対照的な
Ⅱ ①正式に　②若々しい　③順調に　④華やかな　⑤単調な　⑥羨ましい　⑦慌ただしい
　⑧手軽に　⑨ささやかな　⑩煩わしい　⑪気楽

## 4 ▶ 副詞

a．感覚、感情
(1) ①a ②c ③b　(2) ①b ②a ③c　(3) ①b ②c ③a　(4) ①a ②c ③b
(5) ①c ②a ③b　(6) ①c ②a ③b　(7) ①a ②c ③b

b．様子、状態
(1) ①c ②b ③a　(2) ①a ②c ③b　(3) ①c ②b ③a　(4) ①b ②a ③c
(5) ①a ②b ③c　(6) ①c ②a ③b　(7) ①c ②a ③b

c．行為、動き
(1) ①b ②a ③c　(2) ①c ②b ③a　(3) ①c ②a ③b　(4) ①c ②b ③a
(5) ①b ②a ③c　(6) ①c ②b ③a　(7) ①b ②a ③c　(8) ①a ②b ③c
(9) ①b ②c ③a　(10) ①a ②b ③c　(11) ①c ②b ③a　(12) ①a ②b ③c
(13) ①b ②c ③a　(14) ①c ②a ③b　(15) ①c ②a ③b

d．時、頻度
(1) ①b ②a ③c　(2) ①b ②c ③a　(3) ①c ②a ③b　(4) ①b ②c ③a
(5) ①a ②c ③b　(6) ①b ②c ③a　(7) ①a ②c ③b　(8) ①a ②b ③c
(9) ①b ②c ③a　(10) ①a ②b ③c　(11) ①c ②a ③b　(12) ①b ②c ③a
(13) ①a ②b ③c　(14) ①c ②a ③b　(15) ①c ②b ③a　(16) ①c ②b ③a
(17) ①a ②c ③b

e．程度、数量

(1) ①a②c③b  (2) ①c②b③a  (3) ①a②c③b  (4) ①c②a③b
(5) ①c②b③a  (6) ①c②a③b  (7) ①c②a③b  (8) ①a②c③b
(9) ①a②c③b  (10) ①a②b③c

f．判断、希望、仮定

(1) ①c②a③b  (2) ①a②b③c  (3) ①b②a③c  (4) ①a②c③b
(5) ①b②a③c  (6) ①b②c③a  (7) ①c②b③a  (8) ①b②c③a
(9) ①b②c③a

g．その他

(1) ①c②b③a  (2) ①a②c③b  (3) ①a②c③b

## 練習問題 ②

(1) 4　(2) 2　(3) 2　(4) 1　(5) 1　(6) 1　(7) 2　(8) 4　(9) 3　(10) 3
(11) 2　(12) 3　(13) 4

## 長文問題

I　①てきぱきと　②たとえ　③きちんと　④速やかに　⑤さすが　⑥さぞ　⑦まるっきり
　　⑧いたって　⑨およそ　⑩うんざり　⑪大いに

II　①ずっしり　②ゆっくり　③びっしょり　④いらいら／むしゃくしゃ　⑤むしゃくしゃ／いらいら
　　⑥一段と　⑦ごろごろ　⑧ぐらぐら　⑨うっかり　⑩常に　⑪へとへと

## コラム

### 「足」の動作
①踏んで　②蹴って　③つまずいて

### 「口」の動き
①なめて　②かじって　③吹いて　④のんで

### 「手」の動作
①つぶして　②にぎって　③刻んで　④破って　⑤抱えて　⑥しぼって　⑦投げて

### 自動詞
①解けて　②漏れて　③揺れて　④しおれて　⑤染まって　⑥沈んで

### 野球
①ホームラン　②ルーキー　③ファインプレー　④ファン　⑤アマチュア　⑥エラー
⑦オールスターゲーム

### 相撲
①土俵　②勝負　③軍配　④力士　⑤横綱　⑥白星　⑦黒星

### キャンパス
①a　②a　③a　④b　⑤b

### 文学
①ベストセラー　②文学賞　③ノンフィクション　④エッセー　⑤活字離れ　⑥漫画　⑦アニメ

### 国際関係
①a　②b　③b　④a　⑤b　⑥a

### 経済
①b　②b　③a　④b　⑤a　⑥b

### 教育
①b　②a　③b　④a　⑤b

### 情報
①インターネット　②リアルタイム　③サービス　④メール　⑤コミュニケーション　⑥ホームページ　⑦デジタル

### 科学
①a　②b　③b　④a　⑤a　⑥b　⑦a

### 環境
①資源　②リサイクル　③酸性雨　④汚染　⑤温暖化　⑥排気ガス　⑦温室効果ガス

### 味を表す言葉
①渋い　②うまい　③しつこい　④甘い　⑤苦い

### 慣用表現
①柔らかい　②広い　③軽い　④固い　⑤厚い　⑥鋭い

### 擬音語・擬態語
（1）①a②a③b　（2）①a②b③a　（3）①b②b③a　（4）①b②a③b
（5）①a②b③b　（6）①b②b③a　（7）①b②a③b　（8）①a②a③b
（9）①a②b③b